KB186343

전래동화로 시작하는
저학년
독서토론논술

전래동화로 시작하는
저학년
독서토론논술

초판 1쇄 인쇄 2021년 4월 15일
초판 1쇄 발행 2021년 4월 21일

지은이　조인정

펴낸이　강기원
펴낸곳　도서출판 이비컴

디자인　이유진
교 열　윤주현
마케팅　박선왜

주 소　서울시 동대문구 천호대로81길 23, 201호
전 화　02-2254-0658 **팩 스** 02-2254-0634
등록번호　제6-0596호(2002.4.9)
전자우편 bookbee@naver.com
I S B N　978-89-6245-187-0　03370

저학년을 위한 독서토론논술 안내서

전래동화로 시작하는
저학년
독서토론논술

조인정 지음

이비락 樂

초등 저학년,
독서교육의 출발점

프란치스카 비어만의 「책 먹는 여우」에서 책을 좋아하는 여우 아저씨는 책을 끝까지 읽고 나면 소금과 후추를 뿌려 책을 맛있게 먹습니다. 가난한 여우 아저씨는 책을 열정적으로 찾아 나서고, 배가 고파서 불량한 책을 먹은 뒤 소화불량에 걸리고 털의 윤기를 잃기도 했습니다. 책을 훔쳐서 감옥에 갇힌 여우 아저씨는 절대 독서 금지라는 무서운 벌을 받은 뒤 자신이 먹고 싶은 책을 쓰자고 생각합니다. 책을 많이 읽은 여우 아저씨는 연필에서 생각이 줄줄 흘러나오는 것처럼 쉬지 않고 글을 썼고, 특별히 맛있는 글을 쓴 아저씨는 세계에서 가장 유명한 작가가 되었습니다.

어린이들과 「책 먹는 여우」를 읽고 책을 읽으면 어떤 점이 좋은지 함께 생각해보고 좋은 책을 고르고 '맛있게' 잘 읽는 여러 가지 방법에 대해 이야기를 나누어 보았습니다. 어린이들은 여우 아저씨처럼 책을 좋아한다고 했습니다. 좋은 책을 많이 읽으면 생각하는 힘을 기를 수 있고, 글쓰기도 잘하게 된다는 것을 어린이들도 잘 알고 있습니다. 어린이들과의 대화를 통해 독서 교육이란 무엇인지 다시 생각해 보았습니다. 어떻게 하면 어린이들이 '마음을 반짝반짝 윤기 나게 하는 책'을 만나고 '연필에서 생각이 줄줄 흘러나오는 것'처럼 글을 쓸 수 있게 도와줄 수 있을까요?

책을 통해 수많은 지식을 경험하고 선택하면서 평생 학습을 해나가고 새로운 지식을 생산하는 주체가 될 어린이들을 위해 꼭 필요한 독서 교육. 우리는 새삼스럽게 독서 교육의 홍수 시대를 경험하는 것 같지만 '읽기'는 고대부터 중요했었고, 여전히 중요하고, 앞으로도 그러할 것입니다. 그리고 초등학교 저학년은 엄마의 무릎 위에 앉아서 함께 책을 읽는 시기를 마치고 스스로 읽는 독자가 되는 독서 독립의 출발점이고 이해와 표현 능력의 기초를 만드는 시기라는 점에서 독서 교육의 중요성이 매우 큽니다.

최근 독서 교육 관련 수업들이 학교 안팎에서 활발하게 이루어지고, 훌륭한 독서 교육 안내서와 교재들이 시중에 많이 나와 선택의 폭이 넓어졌습니다. 처음 독서토론논술 수업을 시작했을 때 시중에 판매되는 교재들은 독서 퀴즈 형태로 책의 내용을 확인하거나 간단한 독후 활동에 그치는 수준의 책들이 대부분이었기 때문에 고민이 많았습니다. 독서 교육 현장에서 이루어지는 '독서토론논술' 수업에서 시간마다 만들기 활동을 하거나 완성된 쓰기 활동의 결과물이 부족한 점도 아쉬운 점이었습니다.

어린이들의 독서 흥미와 동기를 끌어내고 창의성을 키우는 다양한 놀이 활동 위주의 독서 수업도 유용하고 책과 관련된 다양한 독후 활동을 재미있게 경험하는 것도 필요합니다. 그러나 모든 활동을 흥미 위주의 놀이 활동으로 구성하고 자유롭게 생각해보고 말하고 쓰도록 하는 것에서 그친다면 읽기와 쓰기에 능숙하지 못한 저학년 학생들의 읽기 능력을 키우고 자기 생각을 마음껏 표현하여 유의미한 결과물을 얻는 데 실질적인 도움을 줄 수 있을까요. 이 책은 제가 독서 교육의 현장을 경험하면서 갖게 된 문제의식에서 시작되었다고 할 수 있습니다.

어린이 책을 읽고 연구하면서 독서토론논술 수업을 운영해온지 10년이 훌쩍 넘는 시간이 지났습니다. 스스로 읽고 생각하고 쓰는 것이 가능한 초등학교 고학년 이후 학생들에게 적용할 수 있는 교재나 독서 교육 과정은 이전보다 많아졌지만 저학년 학생들을 대상으로 적용할 수 있는 독서토론논술 수업 과정에 대한 연구와 결과물이 부족해서 학생들을 지도하는 선생님들과 부모님들이 어려움을 겪는 경우가 많습니다. 먼저 이 책을 통해 저학년 학생들과 우리 옛이야기를 다양하게 읽고 독서토론논술 수업에 적용할 수 있는 구체적인 방법을 이야기해 보고자 합니다.

책읽기와 글쓰기를 시작하는 어린이들이 자신감을 가질 수 있고 즐거웠으면 좋겠다는 마음을 담았습니다. 오랜 시간 동안 어린이들과 함께 수업하면서 얻은 경험들을 정리하여 한 권의 책으로 엮는 일이 수업을 운영하고 지도하시는 선생님들과 독서교육에 관심이 많은 부모님들께 도움이 되었으면 좋겠습니다.

사랑하는 엄마, 감사합니다.

2021년 1월 조인정

'전래동화로 시작하는 저학년 독서토론논술' 이렇게 구성했어요!

1. 우리 옛이야기를 주제, 내용, 소재와 관련하여 다양하게 읽는 방법과 실제 독서토론논술 수업을 통해 얻은 수행 결과를 함께 제시합니다.

2. 독서토론논술 수업에서 활용했던 우리 옛이야기 읽기 자료와 실제 수업 운영 사례(80~100분 기준)를 소개합니다.

3. 독서토론논술 활동과 연계한 발문을 제시하여 다양한 방법으로 읽기 자료를 체계적으로 읽어나가고 독후활동을 하면서 생각을 정리할 수 있습니다.

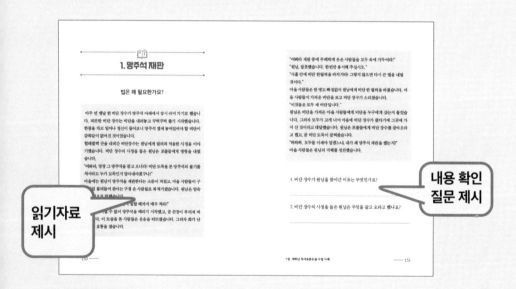

◆ 사실적 읽기
읽기 자료를 함께 읽은 뒤 중심 내용과 등장인물의 말과 행동을 정리하면서 글에 나타나 있는 정보를 확인할 수 있습니다.

◆ **추론적 읽기**

읽기 자료에 나타난 여러 정보를 통해 인물과 장면을 상상하고 생략된 내용을 파악하거나 이야기의 주제를 이해하면서 자신의 생각을 친구들의 생각과 비교해 볼 수 있습니다.

◆ **비판적 읽기**

읽기 자료의 내용이나 등장인물의 말과 행동에서 공감하거나 반박할 부분을 찾아보거나 타당성과 공정성을 판단하면서 자신의 생각을 친구들의 생각과 비교해 볼 수 있습니다.

◆ **창조적 읽기**

읽기 자료의 내용과 주제에 대해 문제해결 방법을 찾아보거나 다양한 방식으로 자신의 생각을 구성하고 표현하면서 창작 경험으로 확장해 갈 수 있습니다.

4. 옛이야기를 읽고 주제와 주요 내용과 관련하여 효과적인 토론 수업을 할 수 있는 논제를 제시하고 학생들의 실제 독서토론 내용과 수행 결과를 참고할 수 있습니다.

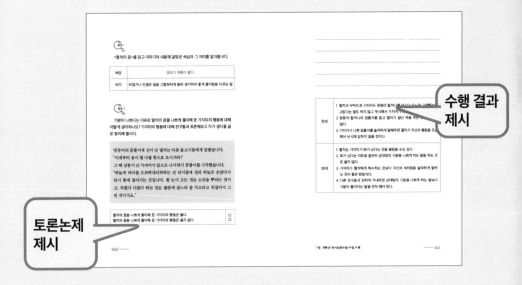

5. 독후 활동 결과물을 제시하여 실제 수업에서 저학년 학생들의 다양한 반응과 성취수준을 참고할 수 있습니다.

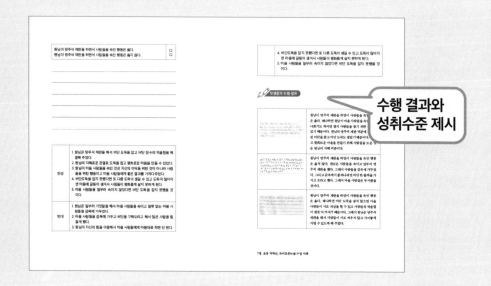

수행 결과와
성취수준 제시

6. 읽기 자료로 제시한 우리 옛이야기와 내용, 주제, 성격, 소재 면에서 관련되는 다른 읽기 자료를 소개하여 상호텍스트적 독서 활동에 도움이 되도록 하였습니다.

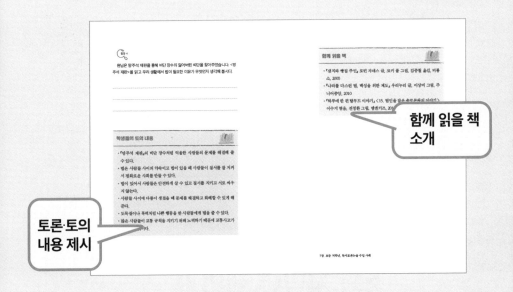

함께 읽을 책 소개

토론·토의 내용 제시

차 례

1장

초등 저학년 책읽기,
독서교육의 시작

2장

처음 시작하는
독서토론논술 수업

3장

전래동화
읽기 전략

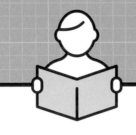

1장

초등 저학년 책읽기,
독서교육의 시작

우리 아이,
지금 어떤 책을 어떻게 읽고 있나요?

"우리 아이는 책 읽기를 좋아합니다. 책을 많이 읽어요."
"책을 좋아하지 않아요. 읽고 쓰는 것을 거부하는데
큰 걱정입니다."

　어린이들은 도서관에서 '책 빌리는 것'을 정말 좋아한다. 도서관 서가에 꽂혀 있는 수많은 책 중 마음에 드는 책을 고르고 바코드 기계로 찍어 빌리는 일이 재미있는 놀이가 되기도 한다. 빠르고 자극적인 디지털 영상에 익숙한 '요즘 어린이들'이 글자를 읽으면서 천천히 의미를 구성해 나가는 시간을 지루해하지 않을까, 이대로 책과 영원히 멀어지는 것은 아닐까 많은 어른들의 걱정이 크지만 여전히 종이책은 어린이들 가까이에 있다. 짧고 짧은 쉬는 시간에 급하게 달려가 찾는 곳이 학교 도서관이라니, 생각해보면 정말 예쁘고 고마운 장면이다. 그런데 도서관 방문 횟수와 도서 대출 빈도보다 빌린 책을 끝까지 읽은 성실한 어린이 독자는 드물다는 반전이 있다.

많은 부모님들은 '우리 아이'가 책 읽는 것을 좋아한다고 생각하신다. 그러나 어린이들은 책읽기가 매우 중요하고, 어른들이 책 읽는 모습을 바라고 좋아한다는 것을 이미 잘 알고 있다. 글자를 모르던 아기 때부터 셀 수 없이 많은 책을 접해온 어린이들에게 어른들은 오늘도 책읽기의 중요성을 매일매일 이야기하고 '좋은 책'을 '많이' 읽을 것을 격려한다. 집과 학교 도서관에는 언제나 읽을 수 있는 좋은 책들이 준비되어 있고, 교실에서도 선생님과 함께 책을 읽는다. '하루 한 시간씩 책읽기'처럼 시간을 정하고 지속해서 많이 읽을 것을 강조하는 독서 교육 방법을 착실하게 실천하는 어린이들도 많다.

스스로 책을 읽을 시간을 갖는 것은 중요하지만 내적 동기 없이 책임과 의무감으로 시작하는 책읽기는 쉽게 무기력해진다. 책을 읽지 않으면 부모님이 실망할 것 같아서, 선생님께 칭찬받고 싶어서 습관적으로 도서관에서 책을 빌리고 가지고 다니지만 끝까지 잘 읽지 않는 경우가 많은 것이다.

끝까지 제대로 읽지 않더라도 스스로 도서관에 가서 많은 책을 만져보고 그중에 마음에 드는 몇 권을 스스로 선택해서 빌려보는 행위 자체를 긍정적으로 생각할 수 있다. 책읽기는 제목을 읽고 표지 그림을 구경하고, 책을 만져보고 들어보는 것에서부터 시작되는 것이기 때문이다. 그러나 엄마의 무릎을 떠나 스스로 책을 선택하고 읽기 시작하는 중요한 시기에 책을 물리적으로 가까이하는 것만큼 책을 진심으로 좋아하는 마음을 가지고 제대로 읽어가는 방법을 배우고 알아가는 것도 꼭 필요한 일이다.

책읽기를 좋아하고 많은 책을 읽어서 다행이라고 믿고 있었는데 고학년에 올라가면서 어휘나 문장 구성 수준, 독해력이나 배경지식이 기대에 미치지 않는다는 것을 알아차리고 뒤늦게 독서 교육을 시작하면서 어려움을 겪기도 한다. 지금 우리 아이가 책을 '진짜' 좋아하고, '잘' 읽고 있는지 조심스럽게 살펴보는 일이 필요한 이유이다.

저학년 시기의 어린이들에게 어른들의 기대와 관심은 책읽기 경험의 질을 높이는 데 큰 영향을 미친다. 지속적인 책읽기 환경을 준비하고 편안한 분위기를 만들어주는 것은 어린이들이 책과 친해지고 독서에 대한 내면적 동기와 긍정적인 태도를 형성하는 데 도움이 된다. 책과 좋은 관계를 맺고 자발적 독서를 통해 책읽기의 즐거움과 성공적인 경험을 충분히 쌓아갈 수 있도록 격려하는 것에서 독서 교육은 시작된다.

체계적인 독서 교육을 통해 좋은 책을 효과적으로 읽는 방법을 가르치는 것도 중요하지만 어른들의 지나친 관심이 강요나 억압이 되지 않도록 조심스럽게 접근하는 태도가 필요하다. 적절한 시기에 꼭 한번 읽어보면 좋은 책들이 많지만 모든 어린이가 같은 책을 읽어야 하는 것은 아니다. 개인의 흥미와 관심, 발달 단계와 독서의 수준에 따라 책읽기의 방법과 과정은 다를 수밖에 없다. 얼마나 많이 읽었는지 책 읽기의 결과를 양으로 평가하는데 집중하는 독서 교육은 독서능력을 키우는 데도 도움이 되지 않는다.

한 권의 책도 책읽기의 즐거움을 충분히 경험하면서 천천히 읽고, 읽기 과정에서 시행착오를 겪더라도 다양한 반응을 격려하고 스스로 의미를 구성할 수 있도록 도움을 주는 것이 독서 능력을 키우는데 더 유용하다. 초등학교 저학년 시기의 책읽기를 잘 시작할 때 어린이 스스로 책읽기가 유익한 결과를 가져올 것이라는 긍정적 마음가짐을 가질 수 있다. 그리고 자기주도적 독서를 시작하면서 건강하고 유능한 '평생 독자'로 성장하는데 밑거름을 마련하게 된다.

어떤 책을
읽어야 할까요?

"그림책은 언제까지 읽나요?"
"만화책을 읽어도 되나요?"

방과 후 시간에 맞춰 도서관에서 기다리고 있던 학부모님들이 미리 준비한 메모를 보면서 내 아이가 읽을 '좋은 책'을 여러 권 고르고 대출 하신다. 그리고 어린이들이 도서관에 들어서면 서둘러 귀가하고 며칠 뒤 다 읽은 책들을 반납하면서 또 다른 목록의 책들을 고르신다. 부모님 이 미리 선정하고 준비한 많은 책을 처음부터 끝까지 착하게 읽는 어린 이들이 있다니 신기하고 놀랍기도 하면서 한편으로는 안타까운 마음이 들기도 했었다.

내 아이가 또래 친구들보다 책을 더 좋아하고 많이 읽는다는 것은 어 른들의 자랑이 되는 경우가 많다. 많은 부모님들이 SNS나 방송 매체를 통해 잘 알려진 독서 교육 전문가가 제시한 책의 목록을 참고해서 일정 기간 읽을 책의 목록을 작성하거나 또래 아이들이 다 읽는다는 전집을 내 아이의 책장에도 들이는 것에 의무감을 가진다. 그러나 부모님들의 이러한 노력은 어린이들이 책읽기를 멀리하게 되는 부작용을 일으키는 경우가 많다. 어떤 책을 읽고 있는지, 읽기 수준은 어떠한지 살펴보는 것도 중요하지만 무조건 책을 많이 읽을 것을 권유하거나 특정 분야의 책을 읽도록 지나치게 간섭하지는 않았는지 돌아보면 어른들의 실수는 생각보다 많다.

저학년 학생들의 독서습관을 형성하는데 가정에서의 효과적인 독서 환경이 큰 영향을 미치고 결국 부모님들의 관심이 물리적, 심리적으로 책을 가까이 할 수 있는 환경을 만드는 데 중요한 역할을 한다. 그러나 일정 시간이 지난 뒤에도 부모님이 고른 책을 일방적으로 권하는 방식으로 이루어지는 독서가 스스로 읽기를 시작하는 어린이들의 독서 흥미와 동기를 끌어낼 수 있는지에 대해서는 회의적이다. 다양한 내용의 책을 골고루 읽는 것도 중요하고 적절한 곤란을 느낄 수 있는 수준의 책을 읽는 것도 필요하지만 책읽기의 즐거움을 맛보기도 전에 심리적인 부담감과 좌절감을 줄 수 있다는 점을 주의할 필요가 있다.

저학년 시기에 어린이들이 스스로 읽기를 시작하면 부모님들은 '글밥(책에 들어 있는 글자의 수)'이 많은 책을 읽히기 위해 책장의 그림책들을 서둘러 정리하기도 한다. 만화책을 읽고 싶은 어린이들은 책을 고를 때마다 어른들의 눈치를 보기도 한다. 그러나 책읽기를 좋아하지 않거나 읽기가 어려운 어린이들에게 글자의 수가 많고 읽기 수준보다 어려운 책을 읽는 것은 부담스러운 일이다. 스스로 읽을 수 없고 이해할 수 없다면 책읽기가 절대 즐거울 수 없다. 좋아하는 책을 스스로 선택하고 적절한 분량의 책을 읽고 쉬운 책도 여러 번 읽으면서 생각할 수 있는 시간을 충분히 갖는 것이 필요하다.

책읽기 자체를 힘들어하거나 읽고 싶은 책을 쉽게 선택하지 못하는 어린이들에게는 그림책이나 만화책을 먼저 추천하기도 한다. 어린이들의 감수성을 자극하는 따뜻하고 재미있는 이야기들이 담겨있거나 한 권의 책으로 다 읽기 힘든 지식과 정보를 쉽고 재미있게 정리한 책들이 많다. 그림책과 만화책이 보여주는 내용과 주제가 다양해지고 선택의 폭이 넓어진 것은 책을 고르는 어린이 독자들을 행복하게 한다. 좋은 그림책이나 만화책을 통해 책과 충분히 친해진 다음 글자 수가 많은 책으로 자연스럽게 연결해 가도록 도와주는 것도 유용하다.

그림책 속의 그림은 그 자체로 하나의 예술 작품이면서 글자가 다 표현하지 못하는 의미를 세밀하게 전달한다. 다양한 주제의 그림책을 통해 즐거움과 감동을 얻고 정서적 경험을 풍부하게 할 수 있다. 어린이 책의 하위 갈래로 여겨지던 그림책이 문학성과 예술성을 갖춘 독자적인 갈래로 인정받아야 한다는 요구가 많다. 그림책에 대한 관심이 높아지면서 중·고등학교에서도 그림책을 읽고 다양한 활동이 이루어지고 그림책을 읽는 어른들도 많아지고 있다. 어린이들과 그림책을 함께 읽고 생각과 감정을 나누면서 공감대를 형성해 나가는 것도 뜻깊은 일이 될 것이다.

만화책의 유용성에 대해서는 의견 차이가 크고 책읽기에 방해가 되거나 독서능력이 저하될 수 있다는 걱정도 크다. 그러나 학습 만화를 통해 어떤 분야를 좋아하는지 발견하거나 상호 연관성을 가지고 있는 다른 책을 찾아 읽어가면서 배경지식을 확장할 수 있다는 장점도 있다. 저학년 어린이들이 어른들도 몇 번 읽고서는 기억하기 힘든 그리스로마 신화에 등장하는 신들의 이름이나 사건을 줄줄 읊거나 한자를 익히고, 저학년 시기에 책으로 접근하기 힘든 역사나 과학 분야의 지식에 이른 관심을 두게 되는 경우도 많다.

저학년 어린이들도 도서관에 들어서자마자 그림책으로 만화책으로, 곤충도감이나 공룡사전으로, 저마다 좋아하는 책이 있는 서가를 향해 스스로 발걸음을 옮긴다. 어린이들에게도 저마다의 독서 취향이 있고, 아무 책이나 읽지 않겠다는 분명한 의지를 갖고 도서관 곳곳을 둘러보며 오랜 시간 책을 고른다. 학년이 올라가면서 선호하는 책이 달라지는 것도 자연스러운 일이다. 앞니가 빠지는 시기에 책의 내용과는 상관없이 표지의 제목에서 똥이나 방귀라는 글자만 발견해도 한구석에 모여앉아 킥킥거리거나 인기 있는 공룡 책을 차지하기 위해 경쟁하던 어린이들은 키가 크고 학년이 올라가면서 그런 책들에 자연스럽게 무관심해지고 취향과 적성에 따라 관심 분야가 다양해진다.

어른들이 식당에 가서 메뉴판을 보면서 먹고 싶은 음식을 상상해보고 천천히 고르듯이 어린이들에게도 읽고 싶은 책을 천천히 탐색하고 선택하는 시간이 필요하다. 책을 만져보고 책장을 넘기면서 책 냄새를 맡을 때의 설레는 기분을 스스로 느끼기 전에는 절대 책을 좋아할 수 없다. 책을 좋아하고 읽고 싶은 마음이 어른들의 잔소리로 생기는 것은 아니기 때문이다.

어린이들에게 관심 분야의 책을 스스로 선택할 기회를 주면 어른들만큼 진지할 수 있다. 읽고 싶은 책을 스스로 선택하는 것으로 책 읽기에 대한 동기와 책임감을 느껴보도록 하는 것이다. 저학년 시기의 독서는 다양한 책을 두루 접하면서 책과 친밀감을 키워가는 것을 우선으로 하고 개별 읽기 수준과 독서 상황에 따라 균형 있는 독서가 이루어지도록 안내하는 것으로 충분하다.

질문과 대화,
독서토론논술 활동의 시작

"어떤 책을 어떻게 읽었는지 물어보면

그냥 '모른다'고 말해요."

어린이가 한 권의 책을 읽은 뒤 책의 내용이나 느낀 점을 유창하게 말하면 어른들은 만족한 표정으로 고개를 끄덕이고 싶다. 그러나 어린이들은 책을 읽은 뒤 어른들이 기다렸다는 듯 질문하는 것을 좋아하지 않고 막상 읽은 책의 내용이나 감상을 물어보면 대충 재미있었다고 말하거나 모른다고 대답하는 경우가 많다. 성의 없는 대답은 곧 어른들의 부정적 반응으로 이어지고 어린이들은 책읽기에 대한 스트레스를 받아야 한다. 책을 읽을 때마다 어른들의 점검이나 평가를 받아야 한다면 책읽기가 즐거울 리 없고 어른들이 기대하는 독서 능력은 독서 교육을 시작한다고 하루아침에 좋아지는 것도 아니다.

입장을 바꾸어 생각해보면 읽은 책의 내용을 요약해서 말해보라는 식의 질문은 어른들에게도 어려운 질문일 수 있다. 분명히 책을 읽긴 읽었는데 세부 내용이 잘 기억나지 않거나 생각이나 느낌을 표현하기가 어려워서 대답하기 힘든 경우도 많다. 정답을 말해보라는 식의 질문에 대답하는 것은 어린이들 상황에서는 부담스러운 상황일 수밖에 없다. 분명히 책을 읽었는데 왜 기억나는 게 없는지 어린이 입장에서도 답답한 일이다.

'알맹이'를 남기는 책읽기를 위해서는 어린이들에게도 형식과 태도에 예의를 갖춘 질문이 필요하다. 저학년 시기의 책읽기에서 적절한 질문과 대화를 통해 스스로 생각하고 의미를 구성할 수 있도록 도움을 준다면 책읽기는 더 의미 있는 활동이 된다.

한 권의 책을 어린이와 어른들이 함께 읽고 자연스럽게 대화하면서 읽은 책의 내용을 탐색할 수 있다. 다양하게 질문하는 것은 적극적이고 능동적인 읽기 활동으로 이어진다. 책의 내용을 수동적으로 받아들이는 것이 아니라 다른 관점으로도 바라보고 의미를 구성하는 방법을 배우는 것이다. 질문을 통해 호기심을 자극하고 새롭게 알고 싶은 것을 발견하여 또 다른 독서로 연결할 수 있다. 질문과 대화는 그 자체로 창의성을 키우는 훌륭한 독후 활동이 되기도 하고 생각하는 힘을 키우고 논리적으로 표현하는 방법을 배우는 독서토론논술 활동의 시작이 되기도 한다. 대화의 내용을 자연스럽게 독서기록장 쓰기나 글쓰기와 같은 표현 활동으로 연결하면 더 의미 있는 결과물을 얻을 수 있다.

오늘 읽은 책의 내용이 무엇인지, 느낀 점이 무엇인지 묻는 막연한 질문은 어린이들에게 부담을 준다. 쉽게 대답할 수 있는 선택형 질문으로 시작하거나 질문의 범위를 한정하여 제시하는 것이 적절하다. 명시적으로 대답할 수 있는 구체적인 질문을 하고 생각의 폭을 넓혀갈 수 있도록 질문을 파생해 나가면 대화가 활발하게 이루어진다. 대화 과정에서 표면적으로 드러나지 않는 주제에 접근하고 발견할 수 있도록 유도하는 질문을 하는 것도 필요하다. 읽은 책의 내용과 주제를 이미 알고 있는 지식과 연결하면서 배경지식을 넓혀나가고 등장인물이 처한 상황이나 행동을 자신의 경험과 관련지어 생각해보도록 하면서 책을 통해 얻은 가치를 내면화 할 수 있다.

가장 기억에 남는 장면을 떠올려보거나 마음에 드는 문장을 떠올려보도록 하고, 그림으로 표현하거나 필사를 하는 활동으로 연결해보는 것도 유용하다. 읽은 책에서 중요한 내용이나 인상 깊은 부분을 시각화하고 다시 써 보는 활동은 책의 내용을 잘 이해하고 기억하는 데 도움을 준다. 나아가 자기 생각이나 궁금한 점을 적어보게 하면서 능동적으로 새로운 의미를 구성하고 글쓰기 활동으로 연결해 갈 수도 있다. 등장인물의 말과 행동을 비판적으로 생각해보거나 더 좋은 문제해결 방법을 함께 생각해보고 스스로 생각한 해결 방법을 적용하여 뒷이야기를 상상해 볼 수 있도록 하는 것도 좋은 방법이다.

1. 『이상한 샘물』이야기 속에 어떤 등장인물이 등장했었어?

2. 『이상한 샘물』이야기의 제목은 왜 '이상한 샘물'일까?

3. 『이상한 샘물』에서 재미있거나 신기했던 장면이 있니? 그렇게 생각한 이유가 뭘까?

4. 할머니는 집에 돌아온 할아버지를 보고 왜 깜짝 놀랐니?

5. 욕심쟁이 할아버지는 소문을 듣고 왜 젊어지는 샘물을 마시러 갔을까?

6. 욕심쟁이 할아버지는 왜 갓난아기가 되어버렸을까? 할아버지에게 어떤 말을 해 주고 싶니?

7. 만약에 젊어지는 샘물을 찾게 된다면 누구에게 주고 싶어? 그렇게 생각한 이유가 뭘까?

8. 실제로 젊어지는 샘물이 있다면 어떤 일이 생길까? 좋은 일이 생길까, 나쁜 일이 생길까?

9. 반대로 먹으면 먹을수록 나이가 많아지는 샘물이 있다면 몇 살이 되고 싶니? 왜 그럴까?

10. 나만이 알고 있는 마법의 샘물이 있다면 어떤 샘물일까? 그 샘물을 어떻게 사용하고 싶니?

　

　너무 오랜 시간 진행하거나 공부를 하듯이 하기보다는 맛있는 간식을 먹으면서 일상의 대화를 나누듯 가볍고 재미있게 시작하는 것이 더 효과적이다. 책을 잘못 읽었다면 명확하게 교정해줄 필요가 있지만 대화 과정에서 엉뚱한 반응이 나오더라도 긍정적으로 반응해주면서 즐거움을 느끼고 자신감을 갖도록 하는 것이 더 중요하다. 질문을 통해 책읽기의 힘을 기르고 책을 매개로 대화를 나누면서 어린이의 마음을 이해하고 정서적인 공감대도 형성할 수 있다. 꾸준히 실천하는 작은 습관이 기대보다 훨씬 놀라운 결과를 가져올 수 있다.

저학년 독서기록장,
무엇을 쓸까

"아이가 쓴 독서기록장을 보고 깜짝 놀랐어요.
내용이 부족하고 단순해요. 실망스러워요."

저학년 시기부터 독서기록장을 꾸준히 작성하는 연습은 자기주도 학습 능력을 키우는 데 큰 도움이 된다. 글자를 능숙하게 읽고 쓰는 것이 어렵거나 스스로 독서기록장을 쓰기 어려운 저학년 학생들의 부담을 덜어주기 위해 독서 감상을 글로 쓰는 형식이 아닌 개성 있게 생각과 느낌을 표현하도록 하는 형태로 제시하기도 한다.

독서기록장을 통해서 독서 이력을 확인할 수 있고, 책을 읽고 어떤 내용을 어떻게 이해하고 기억하는지 확인하여 독서 수행 과정에 대한 유의미한 정보를 얻고 피드백을 제공할 수도 있다. 독서기록장의 형태로 독서 감상을 꾸준하게 기록하면서 책읽기와 연계하여 지속해서로 글쓰기 연습을 할 수 있고 읽기와 쓰기를 생활화 할 수 있다는 것도 큰 장점이다.

유익한 점이 분명하게 많은 독서 지도 방법이지만 저학년 시기의 독서기록장은 책을 읽은 뒤 '줄거리와 느낀 점을 자유롭게 쓰기'나 '책을 읽고 다섯 줄 이상 느낀 점 쓰기'와 같은 형태로 어려운 숙제가 되어 어린이들을 힘들게 한다. 무엇을 어떻게 써야 할지 모르겠는데 다섯 줄이나 쓰라니, 어린이들은 울고 싶다. 문제는 독서기록장의 운영이 대부분 형식적으로 이루어지고 어린이들은 숙제를 마치기 위해 책을 제대로 읽지도 않고 책의 내용이나 감상을 대충 쓰는 경우가 많다는 것이다.

숙제 확인 정도만 하면서 독서기록장에 큰 관심을 가지지 않다가 어느 날 독서기록장을 읽어보시고 실망하셨다는 부모님들이 많다. 글의 분량이 짧으면 성의 없게 썼다고 나무라거나, 책에 대한 감상이나 느낀 점은 없고 줄거리만 나열식으로 쓴 독서기록을 보고 '느낀 점도 써야 한다'는 잔소리도 하게 된다.

그러나 한 권의 책을 읽고 줄거리를 짧게 요약해서 쓰거나 줄만 그어져 있는 빈 노트에 책의 내용과 생각하고 느낀 점을 자유롭게 쓰라고 하는 식의 글쓰기는 사실 어른들에게도 생각보다 쉽지 않은 일이다. 많은 어른들은 어른들의 시선에서 이제 막 글자를 배우고 문장을 쓰기 시작한 어린이가 스스로 생각하여 하나의 글을 멋지게 완성하는 것을 기대하는 실수를 한다.

저학년 학생들의 독서기록장은 고학년 학생들의 독서기록장과 달라야 하고, 어렵지 않게 시작할 수 있도록 배려가 필요하다. 유창하게 쓰지 못하더라도 책을 읽으면서 이해하고 생각한 내용을 스스로 쓸 수 있도록 구체적인 방법을 제시할 수 있다.

독서기록장이 어린이들에게 하기 싫은 숙제가 되는 가장 큰 이유는 무엇을 써야 할지 몰라서 막막하기 때문이다. 처음부터 정해진 분량의 빈칸을 채우기를 기대하기보다는 쓸 수 있는 내용을 예상하고 구분하여 소제목 형태의 작은 단위로 세분화해서 제시해 주는 것이 효과적이다. 책의 내용과 성격에 따라 융통성 있게 적용하여 쓸 수 있는 내용을 목록으로 제시하고 쓰고 싶은 내용을 스스로 선택하여 쓰도록 하는 것이다.

같은 책을 읽더라도 학생 개인의 의미구성 내용은 서로 다르게 나타날 수 있는데 독서기록장에 꼭 써야 하는 필수적인 내용 요소 외에 세부 내용을 다양하게 구성할 수 있다는 장점이 있다. 그리고 선택권을 가진 어린이들은 무엇을 써야 할지 스스로 결정하고 생각하여 '다섯 줄'보다 더 긴 글도 의외로 쉽게 써 내려간다.

- 등장인물이 어떤 사람인지 소개하기
- 가장 기억에 남는 장면이나 등장인물의 말과 행동 소개하기
- 등장인물이 겪은 일과 비슷한 나의 경험 떠올려보기
- 등장인물의 행동에서 잘한 점과 잘못한 점 생각해보기
- 등장인물에게 배울 점과 앞으로 내가 노력할 점 생각해보기
- 내가 만약 등장인물이었다면 어떻게 문제를 해결했을지 생각해보기
- 책을 읽고 처음 알게 된 사실과 앞으로 내가 더 알아보고 싶은 것 생각해보기

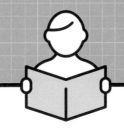

2장

처음 시작하는
독서토론논술 수업

초등 저학년, 독서논술토론 수업 어떻게 시작할까요?

"독서토론논술 수업이 꼭 필요한가요?
언제부터 시작하면 좋을까요?"

특기·적성 수업이 다양해지면서 관심 분야와 성향에 따라 원하는 수업을 다양하게 선택할 수 있게 되었다. 초등학교 시기에 한 번씩은 경험해보는 독서토론논술 수업은 저학년 학생이 스스로 선택하는 경우는 거의 없고 시작하기 전부터 강력하게 거부하는 어린이들도 많다. 책을 읽고 친구들 앞에서 자기 생각을 말하고, 글까지 써야 하는 수업이 너무 힘들 것 같고 재미가 없을 것 같기 때문이다. 그래서 저학년 독서교육 관련 수업은 책을 읽은 뒤 감상을 자유롭게 나누고 독서 활동 자체에 흥미를 느끼도록 하는 데 중점을 둔 놀이 활동 위주의 수업들로 진행되는 경우가 많다.

독서토론논술 수업이 꼭 필요하다고 생각해서 많은 부모님이 어린이들에게 권하시지만 시간과 노력을 투자한 결과가 짧은 시간에 극적으로 나타나는 것은 아니기 때문에 어린이들은 쉽게 지치고 중간에 수업을 중단하는 경우도 많다. 세상의 많은 배움의 과정들이 그러하듯 능숙하게 읽고, 생각하고, 말하고 쓸 수 있게 되기까지 인내심과 지속적인 연습의 시간이 필요하다. 물리적인 수업 환경이나 지도하는 강사의 역량에 따라 수업의 질이 달라지기도 하고 수업의 세부 내용과 개인의 학습 성향이 상호 영향을 주기 때문에 같은 수업도 그 결과가 다르게 나타날 수밖에 없다.

많은 학생을 지도하면서 경험했지만 독서토론논술 수업은 초등학교 저학년 시기에 시작하는 것이 효과적이다. 저학년 시기에도 적절한 도움을 주면 종합적 언어 활동을 충분히 경험할 수 있고, 다양한 주제를 탐구면서 배경지식을 넓히고 의견을 나누는 과정을 통해 읽기 자료에 대한 이해와 생각의 폭을 넓히는 것을 기대할 수 있다. 글을 읽은 뒤 제시된 주제를 바탕으로 스스로 생각하고 말하기를 경험하고, 짧은 글을 꾸준히 쓰는 과정에서 이해와 표현 능력을 학습하는데 긍정적이고 가시적인 변화가 더 빨리 나타난다.

학교 수업이 늦게 끝나고 학원에도 가야 하는 고학년 시기에는 학습 부담이 많아져 수업을 지속하기 힘든 경우가 많다. 스마트폰이나 게임기의 사용이 많아지면서 책읽기에 들이는 시간과 노력이 줄어드는 것도 현실이다. 무엇보다 가장 큰 문제는 한번 형성된 글쓰기 습관을 바꾸는 것이 어렵다는 것이다. 기초적인 언어 능력이나 문식성을 습득하는 저학년 시기에 체계적으로 읽기 자료를 읽으면서 읽기 전략을 자연스럽게 습득할 수 있고, 자기 생각을 말과 글로 자신 있게 표현할 수 있는 기초적인 능력을 기를 수 있다.

저학년 독서토론논술 수업에서 가장 어려운 점은 많은 학생을 대상으로 하는 전체 수업에서 제한된 시간으로 수업을 운영하기 때문에 이해와 표현 능력에 따르는 개인차를 세심하게 배려하는 일이 쉽지 않다는 점이다. 같은 읽기 자료에 대한 이해가 많이 부족하거나 쓰기 활동 과정에서 글자 쓰는 속도가 상대적으로 느려서 부담감을 느끼는 학생들이 있기 때문이다. 수업에서 이루어지는 여러 활동 과정을 면밀히 관찰하고 개별적인 도움을 주면서 수업을 진행할 필요가 있다. 특히 저학년 학생들은 쓰기를 하는 동안 맞춤법 때문에 곤란을 겪는 일이 많다. 그러나 맞춤법은 학교나 가정에서도 충분히 지도되고 있고, 잘못 쓴 글자를 정확하게 알려주는 것만으로도 시간이 지나면서 자연스럽게 교정이 되는 경우가 많다.

저학년 수업에서는 결과물의 완성도보다 자기 생각을 구체적으로 말하고 쓰는 활동을 반복적으로 경험하면서 자신의 생각을 분명하고 자신 있게 표현하는 능력을 기르는데 주안점을 두는 것이 바람직하다. 자기 생각을 말과 글로 자유롭게 표현하는 연습이 충분히 이루어지면 더 유창하게 표현할 수 있고 완성도 높은 결과물도 기대할 수 있다.

내 아이가 독서논술토론수업을 싫어하는 이유

"선생님, 뭐 써요? 뭘 써야 해요? 몇 줄 써야 해요?"

    수업을 시작하는 학기 초, 쓰기 활동 과제를 마주한 어린이들이 가장 먼저 하는 질문이다. 어린이들은 글쓰기 과제를 빨리 마치고 집에 가고 싶다. 글쓰기가 자신 없는 학생들은 글쓰기 활동이 시작되면 손을 들고 화장실에 다녀오겠다는 신호를 보내기도 한다. 부담스러운 상황을 회피하고 싶은 것이다.

    이제 학교 교육에 발을 들여놓은 초등학교 저학년 학생들은 기초적 문식성을 습득한 수준에서 수업 시간에 받는 읽기 자료의 의미를 스스로 이해하기 어렵거나, 맞춤법이나 자연스러운 문장 구성에 능숙하지 않아 쓰기에 어려움을 겪는다. 특히 읽기에 비해 쓰기는 발달이 늦기 때문에 쓰기 활동에서 느끼는 부담감은 더 클 수밖에 없다. 쓰기 활동을 시작하는 단계에서 가장 중요한 것은 쓰기 활동에 대한 흥미와 자신감을 가질 수 있도록 하는 것이다.

글을 쓰는 것이 어려운 어린이들의 두려움이나 회피 반응도 있는 그대로 인정해 주고 처음에는 어렵고 못 하는 게 당연하다는 것을 친절하게 말해주는 것이 중요하다. 자기 생각을 자신 있게 표현하기 위해 시작한 글쓰기 연습이 스트레스가 되어 쓰기 자체를 거부하는 일이 생겨서는 안 되기 때문이다. 쓰기 활동에서 느끼는 부담감은 인정해주고, 쓰기 과정에서 생기는 어려움에 대해서는 개별 도움을 주면서 하나의 글을 완성할 수 있도록 시작하는 것이 중요하다.

실제 수업에서는 한 차시의 수업에서도 학생들이 쓰기 과정에서 개별 도움을 받아 스스로 완성할 수 있는 글쓰기 과제를 두세 개로 나누어 활동하고 하나의 쓰기 활동에서 200~300자 내외의 짧은 글을 완성할 수 있도록 수업을 구성했다. 쓰기 과제를 제시하고 혼자 쓰도록 하는 것이 아니라 읽기 자료를 함께 읽고 주제에 따라 토론, 토의 등의 말하기 활동을 통해 충분히 의견을 교환하고 생각을 정리한 뒤 글쓰기 활동이 이루어지도록 했다. 또한 처음부터 무리하게 욕심을 내서 쓰기 결과물을 완벽하게 완성할 것을 강요하지 않았다.

짧은 글을 완성하면서 반복적으로 쓰기 연습을 하는 것은 기초적인 쓰기 능력을 기르는 데 도움이 된다. 무엇보다 지속해서 성공적인 쓰기 경험을 쌓는 과정에서 자신감을 얻고 쓰기에 대한 동기와 흥미를 높이는 긍정적 변화도 보인다. 글쓰기는 어렵고 글쓰기를 잘하기 위해서는 과제에 대한 도전과 연습이 많이 필요하지만 구체적인 방법과 안내를 제시하면 생각보다 어린이들은 쉽게 배운다.

첫 수업에 만나 '너무너무 힘들고 재미없을 것 같아서' 걱정이 된다는 학생들이 스스로 완성한 자신의 글쓰기 결과물을 뿌듯해하며 '생각보다 괜찮네요.'라고 말하면 성공이다. 저학년 시기의 쓰기 활동은 글쓰기에 대한 막연한 두려움과 불편함을 지우고 '글쓰기가 나도 잘 할 수 있는 일'이라고 생각할 수 있도록 하는 것이 중요하다.

말하기가 부끄러운 아이도
토론 수업의 주인공이 될 수 있을까

"말하기가 힘든 아이도
토론 수업에 참여할 수 있나요?"

독서토론논술 수업에서는 토론, 토의, 발표 등 다양한 방식의 말하기 활동이 이루어진다. 저학년 수업에서는 전체 토론을 진행하는데 모든 어린이가 토론에 적극적으로 참여할 수 있는 것은 아니다. 말하기를 좋아하는 많은 학생이 자신감을 가지고 적극적인 태도로 말하기 활동에 참여하지만, 말하기가 어려워 수업이 끝날 때까지 한마디도 하지 못하는 학생들도 있다.

초등학교 저학년 시기에는 친구들이 있는 교실에서 자기 생각을 말하는 것에 대한 경험이 부족하기 때문에 어렵고 큰 용기가 필요한 경우가 많다. 특히 소극적 성격을 가진 어린이들은 여러 친구들 앞에서 말을 해야 하는 상황을 부끄러워하고 부담스러워한다. 공개 수업을 참관하신 부모님들이 수업이 끝날 때까지 말하기를 하지 않는 아이의 모습을 보고 실망하시거나 지나치게 걱정하지는 경우도 많다. 내 아이가 수업 시간에 '주인공 친구들'을 지켜보는 '조연'처럼 보여 안타까운 마음이 드는 것이다. 어린이들이 저마다 가지고 있는 성격이나 성향이 다르기 때문에 나타나는 자연스러운 현상이다.

그러나 말하기가 어려운 학생들이 수업 장면에서 '주인공' 역할의 친구들을 지켜보는 경우가 많은 '조연'의 역할에 머무르지 않고, 말하기의 상황에서 느끼는 어려움을 스스로 뛰어넘을 수 있는 반전의 기회는 분명히 필요하다. 독서토론논술 수업을 통해 기초적인 듣기 말하기 방법과 태도를 배우고, 자신의 생각이나 경험을 여러 친구 앞에서 말하는 것에 대한 어려움을 극복할 수 있도록 도움을 얻을 수 있어야 한다.

말하기를 주저하고 어려워하는 가장 큰 이유는 공식적 말하기 상황이 익숙하지 않아서 어색하고 무엇을 말해야 할지 모르기 때문인 경우가 대부분이다. 말하기 주제에 대해 충분히 준비가 제대로 되지 않은 상황에서 자리에서 일어나 당당하고 유창하게 말하는 것을 기대하는 것은 자신감을 더 잃게 하고 어린이들을 더 숨게 만들 수밖에 없다. 개인 학습자의 성향이나 수준의 차이를 인정하면서 재미있게 말하기 활동 장면에 참여하는 것을 스스로 선택하도록 하는 것이 중요하다.

실제 수업에서는 특정 학생의 이름을 부르면서 발표를 하도록 지명을 하거나, 스스로 손을 들고 말할 것을 강요하지 않았다. 지속적이고 친화적인 환경에서 자연스럽게 말하기 상황을 받아들이도록 하는 것이 중요하기 때문이다. 학생들이 부끄러움을 느끼지 않도록 말하지 못하더라도 실망하지 않았고 '말을 잘할 것을' 종용하지 않았다.

독서토론 활동 진행 상황에서 선생님이 마이크를 들고 인터뷰 형식으로 말 걸기를 시도하는 방법도 효과적이다. 수업 진행 과정에서 짧게 말할 수 있도록 주제나 범위를 한정해서 질문을 하고, 자연스럽게 말하기 활동에 참여할 수 있도록 도와주는 방법이다. 처음부터 구체적인 근거를 들어 유창하게 말하는 것을 욕심내지 않고 토론 주제에 대한 자신의 입장을 짧게 밝히는 것부터 시작하는 것이다. 눈빛이나 고개를 끄덕이는 것으로 의사표현을 시작하는 것도 인정하고 격려하면 수업 장면에서 '목소리 내기'를 시작할 수 있다.

학생들은 친구들이 함께 하는 친숙한 환경에서 말하기를 시작하고 친구들이 보이는 긍정적 반응을 받아들이고 상호 작용하는 과정에서 부끄러움을 극복하는 힘을 얻기도 한다. 읽고 생각하고 말하는 경험을 쌓아가는 과정을 스스로 신기하고 재미있게 느끼면서 계단을 오르듯이 조금씩 발전해간다. 어느 순간 수업 장면에서 손을 들어보는 용기를 얻고 말하기 상황에 참여해 가면서 토론 수업의 주인공이 될 수 있다고 생각할 수 있다.

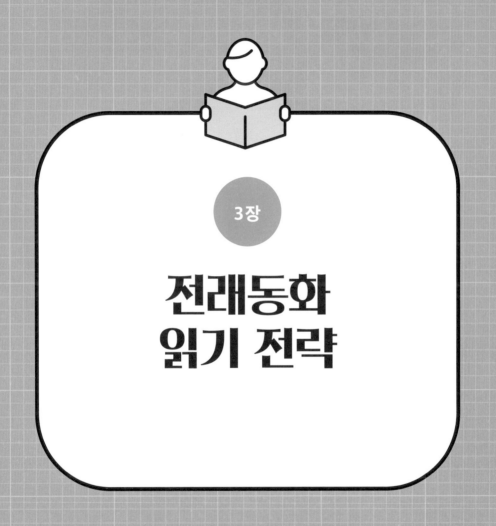

3장

전래동화 읽기 전략

전래동화에 대한
오해와 편견

"유치원 때 다 읽어봤어요. 시시해요."

　도서관을 찾는 즐거움을 경험하고 책을 빌려오는 수고를 하면서 일부러 전래동화를 읽는 어린이들은 많지 않다. 어릴 때부터 다양한 매체를 통해 접해 본 전래동화는 어린이들에게 '이미 알고 있는 이야기'로 시시하게 취급받는 경우가 많다. 저학년 학생들을 대상으로 4주에 한 번은 옛이야기를 읽기 자료로 선정하여 수업을 진행하는데, 학생들에게 이미 친숙한 옛이야기보다 '독해력을 높일 수 있는' '더 높은 수준의 읽기 자료'를 읽을 것을 기대하시는 부모님도 많다. 어린이 책 시장이 성장하고 여러 매체를 통해 수많은 신간 도서와 필독 도서에 대한 정보를 많이 접하게 되면서 전래동화를 읽는 수업은 세련되지 못한 인상을 주기도 하는 것이다.

그러나 우리 옛이야기에 대해 많은 분들이 갖고 있는 오해와 편견을 깨고 싶다. 옛이야기가 사람들에게 오랫동안 읽히면서 오늘날까지 전해오고, 그 의미가 재해석되고 문학의 원형으로 또 다른 결과물로 끊임없이 재가공 되는 이유는 분명히 있다. 내용이나 형식면에서 더 좋은 읽기 자료들이 매우 많고, 지속적 수업 과정에서 다양한 읽기 자료를 균형 있게 읽을 필요가 있지만 실제 독서토론수업에서 전래동화의 장점을 적극적으로 활용하면 교육 효과를 높일 수 있는 최적의 자료로 활용할 수 있었다.

전래동화가 좋은 읽기 자료로 활용되는 가장 큰 이유는 저학년 학생들에게 익숙하고 쉽기 때문이다. 읽기 자료를 이해하는 것에서부터 어려움을 느끼고, 그 내용을 충분히 이해할 수 없다면 제한된 수업 시간에 계획했던 수업 효과를 얻는 것을 기대하기 어렵다. 그리고 무엇보다 독서토론논술 수업의 목적은 글 자료를 읽는 것에서 그치는 것이 아니기 때문이다.

성공적인 독서토론논술 수업을 통해 의미 있는 학습 경험을 얻기 위해 학생들의 읽기 수준에 적절한 읽기 자료를 선택하는 것이 무엇보다 중요하다. 또한 저학년 시기에 그림책으로 쉽게 접하거나 흥미 위주로 편하게 읽기 시작한 옛이야기는 고학년이 되어 심화한 수준으로 다시 읽게 된다. 문학 교육 내용의 위계성에 따라 중·고등학교 때 배우는 고전 문학과 자연스럽게 연결되어 후속 학습 활동에도 도움이 되기도 한다. 우리나라 고전 문학을 원작으로 저학년 학생들도 읽기 쉽게 재구성한 책들도 많이 찾아볼 수 있다.

함께 읽을 책

- 『단군신화』 정해왕 글, 최민오 그림, 현암사, 2009
- 『평강공주와 바보온달』 성석제 글, 김세현 그림, 비룡소, 2012
- 『연오랑과 세오녀』 김향이 글, 박철민 그림, 비룡소, 2012
- 『토끼와 자라』 홍영우 글/그림, 보리, 2013
- 『심청전』 유은실 글, 홍선주 그림, 비룡소, 2010
- 『아씨방 일곱 동무』 이영경 글/그림, 비룡소, 1998
- 『옹고집』 홍영우 글/그림, 보리, 2011
- 『세상에서 가장 멋진 내 친구 똥퍼』 박지원 원작, 이은홍 글/그림, 사계절, 2007

그리고 어린이들은 전래동화를 '어렸을 때부터 이미 읽어봤고, 많이 읽어서 다 알고 있는 시시한 이야기'라고 생각하는 경우가 많지만 실제 수업을 진행해보면 제대로 읽지 않은 경우가 더 많았다. 우리의 옛이야기를 천천히 읽으면서 읽기의 즐거움을 충분히 경험하고 오랜 세월에 걸쳐서 전해온 삶의 경험과 지혜를 발견할 수 있다.

전래동화, 어떻게 읽을까?

"전래동화 읽기가 어린이들의 사고와 정서에
적합한지 걱정이 될 때가 있어요."

　좋은 읽기 자료는 인지적, 정의적으로 학생 수준에 적합해야 한다. 지도하는 선생님과 학생이 읽기 자료를 함께 읽고 상호작용하면서 글의 내용을 충분하게 이해했을 때 적극적이고 유의미한 토론 논술 수업이 가능하고, 수업의 효율성을 높일 수 있다.

　전래동화는 이야기의 길이는 짧지만 완결된 이야기 구조를 보인다. 등장인물의 행동을 시간과 장소의 이동에 따라 쉽게 이해할 수 있고 사건이 반복되면서 단순한 형식으로 전개되기 때문에 학생들도 스스로 읽고 이야기의 내용을 충분히 이해할 수 있다. 원문의 일부분만 발췌해서 읽는 것이 아니라 한 편의 이야기를 스스로 끝까지 읽는 것에 성공하면서 읽기 활동에 대한 성취감을 느낄 수 있고, 이를 바탕으로 읽기와 쓰기, 말하기와 듣기가 종합적으로 이루어지는 다양한 언어 활동을 시작할 수 있는 것이다.

전래동화는 오랜 세월 전해 내려오면서 축적된 우리 민족의 삶과 지혜가 담긴 옛이야기이다. 선과 악의 전형적인 인물들을 통해 상반된 가치가 대립하는 것을 보여주면서 등장인물의 착한 행동이 좋은 결과를 가져온다는 것을 보여준다. 마음씨 착한 주인공은 끈기를 가지고 열심히 노력하여 어려운 상황을 극복하고 뜻하지 않게 조력자의 도움을 받거나 행운을 얻어 소원을 이루고 행복해지는 것이다.

전래동화에도 여러 가지 문제점이 있고 전래동화 읽기를 비판하는 전문가들도 있다. 옛이야기의 구조가 선과 악, 옳음과 그름으로 나누어지는 이분법적 세계관을 가르친다는 우려가 있고, 원전의 내용이 지나치게 잔혹하거나 전근대적 가치관을 담고 있어 오늘날의 정서와 문화로 이해할 수 없는 부분이 많다는 지적도 있다.

그러나 어린이 책으로 읽는 옛이야기들은 원전의 내용은 지키면서도 어린이의 정서와 눈높이를 고려하여 재구성한 것으로 효, 우애, 사랑, 지혜, 보은 등 교육적으로 유의미한 주제에 대해 두루 생각해 볼 수 있도록 해 준다. 옛이야기가 우리에게 들려주고자 하는 가치가 무엇인지 우선적으로 생각할 필요가 있다.

옛이야기를 읽고 학생들 스스로 오늘날의 모습과 비교하여 다른 부분이나 문제점을 찾아보고 이야기를 나누는 활동으로 연결해 가는 것도 유의미하다. 인권, 윤리, 가족 제도, 신분 제도, 성역할에 대한 고정관념, 외모지상주의 등 오늘날의 가치관과 다른 내용 요소들에 대해 의문을 갖고 비판적으로 생각해 볼 수 있도록 소주제를 제시하거나 시간이나 장소를 뛰어넘어 공감을 얻는 보편적인 삶의 모습에 대해 생각해 보도록 수업을 계획해 볼 수 있다.

옛이야기를 읽으면서 학생들은 교훈을 얻고 스스로 올바른 삶의 모습에 대해 생각해보고, 그 가치를 내면화한다. 유의미한 논제를 제시하면 이야기의 내용이나 등장인물의 행동을 바탕으로 여러 가지 문제의 해결 방안을 모색해보는 활동도 가능하다. 옛이야기 속에 나타나는 사회 문화적 배경을 자연스럽게 이해할 수도 있다.

다만 오랫동안 전해 내려온 이야기의 교훈성을 지나치게 의식해서 오늘날의 사회 모습과 맞지 않는 과거의 가치관을 획일적으로 주입하는 수업이 되지 않도록 주의할 필요가 있다. 상반된 성격의 두 인물의 행동을 비교해보는 활동으로 도덕적 가치를 무조건 정당화하는 것이 아니라 오늘날의 관점에서 재평가하는 활동을 해보고 다양한 삶의 태도를 비교해보고 장·단점을 찾아보는 활동으로 확장하는 것이 필요하다.

『효녀 심청』과 『바리데기』 이야기를 읽고 등장인물들이 부모님을 위해 무조건적으로 희생하는 모습이 적절한지 오늘날의 관점에서 비판적으로 생각해 볼 수 있다. 효의 가치가 중요하다고 해서 옛이야기 속에 나타나는 효의 실천 모습을 일방적으로 수용하기 보다는 등장인물들의 행동을 비판적으로 생각해보고 평가해 보는 활동을 통해 생각의 폭을 넓혀가도록 하는 것이다.

『효녀 심청』과 관련하여 '심청이가 아버지를 위해 인당수에 몸을 던진 것은 진정한 효도이다.'는 독서토론논술 수업에서 자주 등장하는 논제가 된다. 토론 활동을 통해 심청이의 행동을 비판적으로 평가해보고 더 좋은 문제 해결방법에 대해 이야기해 보는 활동을 할 수 있다. 이 때 심청의 행동을 부정적으로 평가하는 것에 중점을 두면『효녀 심청』이야기가 가지는 본래의 가치를 훼손할 수 있기 때문에 주의할 필요가 있다. 저학년 수업에서는 적용 활동으로 '효'의 가치와 관련하여 일상생활에서 부모님을 위해 내가 할 수 있는 일을 자유롭게 이야기 해보면서 어린이들의 관점에서 효의 실천 방법을 생각해 볼 수 있다.

학생들의 수행 결과

우리가 일상생활 속에서 실천할 수 있는 '효'의 방법에는 어떤 것들이 있을까요? 부모님을 위해 내가 할 수 있는 일에는 어떤 것들이 있는지 생각해 봅시다.

- 집안일을 도와드린다. 집이 깨끗해지면 가족들이 더 행복해지기 때문이다.
- 엄마 아빠에게 안마를 해 드릴 것이다. 엄마 아빠는 기분이 좋고 몸이 시원해지기 때문이다.
- 설거지를 할 것이다. 엄마 아빠가 집에서 가장 많이 하는 일이라서 도와드리고 싶다.
- 공부를 열심히 한다. 내가 공부를 열심히 해서 꿈을 이루면 엄마 아빠가 더 행복하기 때문이다.
- 용돈을 모아서 부모님께 맛있는 음식이나 커피를 사 드리고 싶다.
- 동생이랑 잘 놀아주고 사이좋게 지낼 것이다.

『바리데기』를 읽고 '부모님을 위해 약수를 구하러 간 바리데기의 행동은 옳다'라는 논제를 제시하고 부모님을 위해 많은 어려움을 겪는 바리공주의 행동에 대해 자신의 입장을 정하고 토론 활동을 할 수 있다. 마무리 활동으로 바리공주에게 배울 점을 생각해보면서 바리공주의 희생적인 모습에서 효의 가치를 찾아보는 것에서 나아가 바리공주의 인내심과 용기, 어려움을 극복하기 위해 노력하는 모습 등 등장인물의 영웅적 모습을 통해 보여주는 다른 가치에 대해 생각해보는 활동으로 확장해 나간다.

자신을 희생하면서 부모님께 효도하는 바리공주의 행동을 오늘날의 관점에서 생각해 보고, 자신의 생각을 글로 적어봅시다.

부모님을 위해 약수를 구하러 간 바리공주의 행동은 옳다.	☐
부모님을 위해 약수를 구하러 간 바리공주의 행동은 옳지 않다.	☐

부모님을 위해 약수를 구하러 간 바리공주의 행동은 옳다. 만약 바리공주가 약수를 구하러 가지 않았다면 바리공주의 부모님은 병에 걸려 돌아가셨을 것이다. 바리공주는 낳아주신 부모님을 위해 효도를 한 것이다. 바리공주가 부모님을 살렸기 때문에 부모님과 행복하게 살 수 있었다. 그리고 사람들을 좋은 곳으로 보내주는 신이 될 수 있었다. 자신을 낳아주신 부모님을 위해 약수를 구해 온 바리공주의 착한 마음을 본받아야 한다.

부모님을 위해 약수를 구하러 간 바리공주의 행동은 옳지 않다. 왜냐하면 약수를 구하러 서천서역국까지 가는 과정이 너무 힘들고 위험하다. 그리고 약수를 구할 때까지 9년 동안 힘든 일을 하면서 고생을 했다. 부모님을 위해 효도하는 마음은 좋지만 오구대왕과 길대부인이 바리공주를 딸이라는 이유로 버렸고 언니들은 부모님의 부탁을 거절했는데 바리공주만 혼자 희생하는 것은 너무 불쌍하다. 바리공주가 다른 방법으로 효도를 했으면 좋을 것 같다.

전래동화,
재미와 즐거움 발견하기

　독서토론논술 수업의 제재로 전래동화를 활용하는 것은 옛이야기가 가지고 있는 교육적 가치를 통해 수업의 효율성을 높이고 계획한 결과를 얻기 위한 의도가 있다. 그러나 저학년 시기의 읽기에서는 일차적으로 학생들이 수업에 활용되는 읽기 자료를 통해 읽기의 즐거움을 최대한 경험하는 것도 중요하다.

　수업 시간에 학생들과 옛이야기를 함께 읽다 보면 극장에서 재미있는 영화를 볼 때처럼 웃음이 한꺼번에 터지는 지점들이 있다. 읽기 전 알고 있는 대강의 줄거리를 떠올려보며 시시하다고 무시하던 학생들이 읽기 자료로 제시한 옛이야기를 처음부터 끝까지 읽어나가며 긴장감을 느끼기도 하고, 재미있다는 것을 처음 알게 된 것처럼 크게 웃거나 환호성을 지르기도 한다.

　옛이야기를 읽는 동안 현실과 환상의 세계를 자유롭게 오가며 인물들의 행동이나 사건을 자유롭게 상상할 수 있고, 이야기 곳곳에 숨어있는 재미있는 발상을 발견하고 호기심을 느낀다. 가난하고 힘이 약한 등장인물에게 도깨비나 동물들과 같은 조력자가 등장하거나 마음씨 나쁜 등장인물에게 승리하고 소원했던 일이 이루어질 때 통쾌함과 만족감을 얻는다. 등장인물이 문제를 해결하는 방식을 비판적으로 생각해보면서 생각의 폭을 넓히고, 가난이나 불행에 빠진 등장인물이 힘들고 어려운 일을 유쾌하게 극복하는 모습을 통해 삶의 여유와 긍정적인 삶의 태도를 배워보기도 한다. 옛이야기를 재미있게 읽으면서 우리 문학에 녹아 있는 해학과 풍자의 정서를 자연스럽게 경험하는 것이다.

옛이야기 곳곳에 나타나는 재미있는 발상이나 표현은 자극적인 내용과 표현에 익숙한 요즘 어린이들에게도 충분한 재미와 즐거움을 준다. 옛이야기에 담겨 있는 우리 전통문화를 간접적으로 체험해 보면서 자연스럽게 조상들의 삶의 모습과 정서를 이해할 수 있다. 입말이 살아있는 옛이야기를 소리 내어 읽으며 단어와 어구가 반복되면서 만드는 운율을 느껴보는 것도 재미있다. 이야기 곳곳에 나타나는 재미있는 표현 방식을 찾아보고 이야기의 맛을 살리는 의성어와 의태어, 언어유희와 같은 표현 방식을 통해 읽기의 즐거움을 찾을 수 있다.

옛이야기가 전승되는 과정에서 다양하게 변용되는 점을 고려하여 그 내용을 다양한 관점에서 생각해보고 새로운 이야기를 창작해보는 활동을 해 볼 수 있다. 단어와 어구가 반복되는 간결한 문장으로 구성되어 있는 경우 일부분을 다른 문장으로 변형하거나 비슷한 표현을 활용하여 새로운 글을 완성해보는 활동을 해 보면서 풍부한 표현 방법을 자연스럽게 배워보기도 한다. 옛이야기에 나타나 있는 재미있는 언어 표현 방식을 통해 일상의 언어 표현도 다양하게 표현할 수 있는 독창성을 기르는 것은 개성 있는 글쓰기에도 도움이 된다.

또한 옛이야기에 담겨 있는 우리 전통 문화를 간접적으로 체험해 보면서 자연스럽게 조상들의 삶의 모습과 정서를 이해할 수 있다. 독후 활동으로 생활 모습의 변화로 사라진 생소한 물건들을 이야기 속에서 발견하고 그 쓰임에 대해서 알아보는 활동을 구성할 수 있다. 같은 쓰임새를 가지고 있는 오늘날의 물건들을 찾아보고 차이점을 생각해보는 것도 흥미롭다.

『방귀시합』을 읽고 소리나 모양을 흉내 내는 말을 넣어 내용을 완성하여 친구들 앞에서 재미있게 읽어봅시다.

"어디 내 방귀 힘이 얼마나 센지 맛 좀 봐라!"
경상도 방귀쟁이는 돌절구를 향해 [ ] 힘차게 방귀를 뀌었어요. 방귀 바람에 무거운 돌절구가 [ ] 하늘 높이 솟아올랐어요. 돌절구는 지리산을 넘어서 전라도 쪽으로 날아갔어요. 집으로 돌아온 전라도 방귀쟁이가 하늘을 보니 돌절구가 [ ] 날아오고 있지 뭐예요!

"감히 나에게 절구통을 날리다니! 옛다, 절구는 도로 가져가라!"

전라도 방귀쟁이는 얼른 돌아서서 엉덩이를 높이 들고 [   ] 방귀를 뀌었어요. 그러자 돌절구는 다시 경상도 쪽으로 [   ] 날아갔어요.

『떡보 먹보 호랑이』에 등장하는 옛 물건들의 모양과 쓰임새를 알아보고, ㉠~㉢에 들어갈 물건들의 이름을 적어봅시다.

쿵더쿵쿵더쿵! [㉠] 는 여우가 치고, 솔솔 팍팍! 팥고물은 두꺼비가 뿌리고, 후아푸아, [㉡] 불은 호랑이가 붙였지. 침 넘어가는 소리 따라 커다란 [㉢] 에 김이 모락모락, 팥고물 찰떡도 맛있게 익어갔어.

『떡보먹보 호랑이』

이름	모양	쓰임새
㉠		인절미나 흰떡 따위를 만들기 위하여 찐 쌀을 치는 메
㉡		방이나 솥에 불을 때기 위하여 만든 구멍
㉢		떡이나 쌀을 찌는데 쓰는 질그릇

전래동화,
다른 이야기와 함께 읽기

어린이들에게 친숙한 우리나라의 옛이야기를 주제, 인물, 사건, 소재 등 한 가지 요소를 중심으로 연관된 다른 이야기와 함께 읽으면서 다양한 분야와 관점으로 더 풍부하고 깊게 읽는 독서 경험을 할 수 있다. 다양한 맥락에서 이야기를 감상하고 유사성과 차이점을 찾아보면서 읽기 자료에 대한 이해를 확장하고 심화하는 것이다.

다른 읽기 자료와 함께 읽으면서 정보와 지식을 다양하게 연결하고 생각의 폭을 넓혀갈 수도 있다. 또한 시대나 지역을 뛰어넘는 보편성을 바탕으로 인간과 삶의 다양한 모습에 대해 더 입체적으로 이해하고, 다양한 정보와 문화를 균형 잡힌 시각으로 이해하고 존중하는 태도를 배워본다.

① 같은 화제 중심으로 이야기 일부분 함께 읽기

『토끼의 재판』에서 나그네와 호랑이가 만난 소나무와 황소는 자연을 이용하는 사람들을 원망한다. 마테를링크의 『파랑새』에서도 나무꾼에게 화가 난 숲속의 나무들과 동물들이 나무꾼의 아이들이라는 이유로 틸틸과 미틸을 위협하는 장면을 찾아볼 수 있다. 같은 화제를 중심으로 두 이야기의 일부분을 함께 읽으며 이야기 속의 자연물들이 인간을 미워하는 이유를 생각해보고, 인간과 자연의 관계에 대해서 생각해 보는 활동을 해 볼 수 있다.

나그네가 이렇게 소에게 말하자 황소는 호랑이가 나그네를 잡아먹어도 괜찮다고 말했습니다. 소는 온종일 일만 시키다 죽여서는 고기로 먹는 사람들이 미웠기 때문입니다.
나그네와 호랑이는 소나무에게도 물어보았습니다. 그러자 소나무도 나그네를 잡아먹어도 좋다고 말했습니다. 마음대로 줄기를 자르고 가지를 꺾는 사람들이 미웠기 때문입니다.

『토끼의 재판』

"네가 나무꾼의 아들 틸틸이구나. 네 아버지는 오랫동안 우리를 괴롭혔어. 내 아이들, 조상님들, 형제, 그리고 손자와 손녀들 모두 네 아버지가 잔인하게 베어버렸다."
"하지만 나무를 베어다 팔지 않으면 우리는 살 수 없는걸요. 저는 파랑새를 찾으려고 여기에 왔어요."

"파랑새는 자연의 행복과 비밀을 지켜주는 새지. 나무꾼의 아이들은 우리를 더 괴롭히려고 파랑새를 가져가려는 거야. 숲의 나무 요정들은 동물 요정들과 함께 힘을 합쳐 저 아이들을 없애야 해."

마테를링크, 『파랑새』

② 등장인물의 행동을 중심으로 함께 읽기

『콩쥐팥쥐』와 프랑스의 옛이야기 『신데렐라』는 매우 유사한 이야기 구조를 가지고 있다. 『콩쥐팥쥐』와 『신데렐라』에 등장하는 인물들의 행동에서도 유사점과 차이점을 쉽게 찾아볼 수 있다. 토론 활동을 진행하면서 등장인물의 행동을 비판적으로 이해하고 오늘날의 관점에서 재평가하거나 더 좋은 문제 해결 방법을 생각해 볼 수 있다.

새어머니가 시키는 온갖 힘든 일을 불평 없이 하는 콩쥐와 신데렐라의 행동은 학생들에게 자연스럽게 토론의 주제가 되기도 한다. 또한 잃어버린 신발 한 짝의 주인을 찾아 결혼하는 원님과 왕자의 행동에 대해 토론 활동을 진행하거나, 콩쥐와 신데렐라가 결혼을 통해 신분 상승을 이루고 행복한 결말을 맞이하는 줄거리를 다양한 관점에서 이야기해보는 활동을 해 볼 수 있다.

원님과 왕자님이 잃어버린 신발의 주인을 찾아 결혼을 하는 것은 옳은가
요? 친구들과 이야기 해 보고 자신의 생각을 글로 적어봅시다.

원님과 왕자님이 신발의 주인을 찾아 결혼하는 것은 옳다.	☐
원님과 왕자님이 신발의 주인을 찾아 결혼하는 것은 옳지 않다.	☐

원님과 왕자님이 신발의 주인을 찾아 결혼하는 것은 옳다. 콩쥐와 신데
렐라는 착한 마음을 가지고 있었기 때문에 행운을 얻은 것이다. 원님과
왕자님은 잃어버린 신발 덕분에 결혼할 사람을 만나게 되어 좋을 것이
다. 그리고 원님과 왕자님은 콩쥐와 신데렐라와 결혼해서 행복하게 살
았기 때문이다.

원님과 왕자님이 신발의 주인을 찾아 결혼하는 것은 옳지 않다. 왜냐하
면 너무 성급하고 신발이 맞는다고 결혼하는 것은 이상하다. 딱 한 번만
만난 사람의 마음씨를 잘 알 수 없다. 잘 생각해보면 더 마음이 맞고 훌륭
한 사람과 결혼할 수 있기 때문이다. 신발의 주인만 찾아주고 결혼은 진
심으로 좋아하는 사람을 만나서 훌륭한 사람과 하는 것이 좋을 것 같다.

『콩쥐팥쥐』와 『신데렐라』의 등장인물들의 성격과 관련하여 잘 알려진

그림책『종이봉지 공주』(로버트 문치, 비룡소)를 함께 읽어볼 수 있다. 로널드 왕자와 결혼하지 않은 엘리자베스 공주의 행동은 콩쥐와 신데렐라의 행동과 어떤 차이가 있는지 생각해 보고, 등장인물의 주체적 성격에 대해 이야기를 나누어보고 다양한 독후 활동을 해 볼 수 있다.

> 동굴 안에는 로널드 왕자가 있었지요. 왕자는 공주를 보더니 대뜸 이렇게 말했어요. 엘리자베스, 너 꼴이 엉망이구나! 아이고 탄 내야. 머리는 온통 헝클어지고, 더럽고 찢어진 종이봉지나 걸치고 있고 진짜 공주처럼 챙겨 입고 다시 와!
> 공주가 말했어요.
> 그래 로널드, 넌 옷도 멋지고 머리도 단정해. 진짜 왕자 같아. 하지만 넌 겉만 번지르르한 껍데기야!
> 이렇게 해서 두 사람은 결국 결혼하지 않았지요.
>
> 『종이봉지 공주』

 학생들의 수행 결과

엘리자베스가 로널드 왕자와 결혼하지 않은 이유는 무엇일까요? 친구들과 이야기해 보고 엘리자베스 공주의 입장에서 로널드 왕자에게 하고 싶은 말을 적어봅시다.

로널드 왕자 안녕. 내가 너와 결혼하지 않은 이유는 내가 용을 물리치고 힘들게 너를 구하러 왔는데 종이옷을 입었다고 싫어하는 것이 옳지 않기 때문이야. 내가 널 구해주지 않았다면 넌 아마 용의 밥이 되었을 거야! 내가 너라면 구해줘서 고맙다는 말을 먼저 했을 거야. 겉모습만 더 중요하게 생각하는 너와 결혼할 수 없어.

로널드 왕자야, 옷이 예쁘다고 무조건 다 예쁜 건 아니야. 왜냐하면 옷은 예뻐도 마음은 다를 수 있기 때문이야. 그리고 '빛 좋은 개살구'라는 속담이 있듯이 나는 예쁜 옷보다 마음이 더 중요하다고 생각해. 그리고 공주가 꼭 예쁜 옷만 입어야 하는 건 아니야. 예쁜 옷을 입지 않아도 지혜와 용기가 있는 사람이 더 아름다울 수 있어. 진정한 아름다움은 그런 거야.

③ 주제를 중심으로 함께 읽기

한 가지 주제를 중심으로 다른 이야기를 함께 읽는 활동을 통해 주제를 다양한 관점에서 깊이 생각해 볼 수 있다. 『혹부리 할아버지』와 안데르센의 『미운 아기 오리』, 『납작이가 된 스탠리』(제프브라운, 시공주니어)를 함께 읽으면서 겉모습이 다르다는 이유로 편견을 갖거나 다른 사람을 놀리는 사람들의 말과 행동에 어떤 문제점이 있는지 생각해본다. 다양한 차별의 문제에 대한 관련 경험을 이야기해 보고 함께 생각을 나누는 활동을 해 볼 수 있다.

이제 사람들은 스탠리가 지나갈 때마다 스탠리의 생김새를 비웃고 조롱하기 시작했습니다.

"야, 슈퍼 울트라 납작이다!"

사람들은 이렇게 외쳤습니다. 또 스탠리의 생김새에 대해 더 심한 소리도 마다하지 않았습니다. 스탠리는 부모님께 자신의 심정을 털어놓았습니다.

"제일 신경이 쓰이는 것은 다른 아이들이에요. 제가 다르게 생겼기 때문에 이제 다들 저를 싫어해요. 보다시피 저는 납작하잖아요."

램춉 부인은 스탠리를 위로했습니다.

"정말 부끄러워해야 할 쪽은 그 아이들이란다. 생김새 때문에 사람을 싫어하는 것은 잘못이야. 종교나 피부색이 다르다고 해서 사람을 좋다싫다 하는 것은 정말 옳지 못하단다."

스탠리가 대답했습니다.

"저도 그건 알아요. 하긴 사람들이 서로 좋아하기만 할 수는 없겠죠."

『납작이가 된 스탠리』

학생들의 수행 결과

우리 주변에는 겉모습이 다르다는 이유로 다른 사람을 놀리는 사람들이 있습니다. 『납작이가 된 스탠리』를 읽고 이러한 행동에 대한 자신의 생각을 적어봅시다

겉모습이 다르다고 다른 사람을 놀리는 행동은 옳지 않다. 왜냐하면 놀리는 사람은 재미있지만 놀림 받는 친구는 화도 나고 속상하고, 자신이 부끄러워질 것이다. 그러면 친구는 마음이 슬플 것이다. 또 친구를 놀리면 기분이 나빠서 친구들과의 사이가 멀어지게 된다. 겉모습이 다르다고 놀지 못하는 것은 아니다. 기분이 나쁘지 않게 서로 배려하고 친구와 재미있게 잘 놀아야 한다.

④ 같은 소재를 중심으로 함께 읽기

옛이야기를 읽고 동일한 소재를 다루고 있는 다양한 읽기 자료를 함께 읽는 활동을 통해 옛이야기 속에 나타나 있는 사회와 문화의 모습을 이해해본다. 하나의 소재를 중심으로 서로 다른 교과를 통합하고 다양한 영역으로 배경지식을 확장하는 효과를 얻을 수 있다.

우리나라 옛이야기와 그림책에는 호랑이가 많이 등장한다. 인간을 위협하는 무서운 동물로 등장하기도 하고 어리숙하여 작은 동물들의 꾀에 쉽게 속기도 한다. 때로는 인간과 정을 나누며 의리를 지키고 은혜를 갚거나 복을 가져다주기도 한다. 다양한 옛이야기에 등장하는 호랑이의 모습들을 비교해보면서 읽는 것도 재미있다. 호랑이와 관련된 속담을 알아보거나 호랑이를 표현한 민화를 함께 감상하면서 우리 옛이야기에 담겨있는 문화와 전통에 대해서도 생각해 볼 수 있다.

1. 책 표지와 민화에 그려져 있는 호랑이는 어떤 모습인가요? 그림 속 호랑이를 보고 느낀 점을 자유롭게 적어봅시다.
2. 호랑이와 관련된 속담에 대해 알아보고 호랑이에 대한 속담이 많은 이유가 무엇인지 생각해 봅시다.
3. 민화에 등장하는 호랑이의 모습을 살펴보고 옛 사람들이 민화에 호랑이를 많이 그린 이유가 무엇인지 생각해 봅시다.

함께 읽을 책

- 『떡보먹보 호랑이』 이진숙 글, 이작은 그림, 한솔수북, 2007
- 『줄줄이 꿴 호랑이』 권문희 글, 그림, 사계절, 2005
- 『호랑이』 보리편집부 글, 박건웅, 임병국 그림, 보리, 2013
- 『무서운 호랑이들의 가슴 찡한 이야기』 이미애 글, 백대승 그림, 미래아이, 2008
- 『어흥, 호랑이가 달린다』 김향금 글, 윤정주 그림, 웅진주니어, 2005
- 『호랑이와 곶감』 위기철 글, 김환영 그림, 국민서관, 2004
- 『호랑이와 곶감』 김기정 글, 김대규 그림, 비룡소, 2002
- 『까치와 호랑이와 토끼』 권문희 글, 김중철 엮음, 권문희 그림, 웅진주니어, 1998

『소금을 만드는 맷돌』이야기와『이솝이야기』중 〈자기 꾀에 빠진 당나귀〉를 읽고 친숙한 두 이야기에 공통으로 등장하는 소재 '소금'에 대한 다양한 탐구 활동을 통해 새로운 지식을 발견하는 방법을 알아가도록 도움을 줄 수 있다. 소금의 문화, 역사, 과학, 경제 등의 지식과 정보들을 다각적으로 보여주는 책을 함께 읽어보는 활동으로 연결하여 다양한 책 읽기를 통해 배경지식을 확장해 나갈 수 있다.

1. 소금과 관련된 속담에 대해 알아보고 소금에 대한 속담이 많은 이유를 생각해 봅시다.
2. 우리 생활 속에서 소금이 쓰이고 있는 다양한 예를 찾아보고, 소금의 쓰임에 대해 알아봅시다.
3. 각 나라의 문화에 따라 소금이 어떻게 쓰이고 있는지 알아보고, 그 의미를 생각해 봅시다.
4. 소금이 없다면 어떤 일이 생길까요? 소금의 중요성과 가치에 대해 이야기 해 봅시다.
5. 소금에 대해 새롭게 알게 된 사실과 더 알고 싶은 내용을 정리해 봅시다.

- 『소금을 조심해』박은호 글, 조승연 그림, 아이세움, 2015
- 『때로는 짜고 때로는 쓴 역사 속 소금 이야기』설흔 글, 정승희 그림, 스콜라, 2015
- 『소금아, 정말 고마워!』나탈리 토르지망 글, 이브 칼라르누 그림, 조용희 옮김, 풀과바람, 2018
- 『소금꽃이 피었어요』박상용 글, 김천일 그림, 보림, 2011
- 『소금이 온다』보리 글, 백남호 그림, 보리, 2003
- 『소금 세계사를 바꾸다』마크 쿨란스키 글, S.D 쉰들러 그림, 안효상 옮김, 웅진주니어, 2007

실제 수업에서는 읽기 자료를 읽은 뒤 구체적 결과를 얻을 수 있는 여러 가지 질문을 통해 학생들 스스로 소주제나 활동 내용을 선택하도록 하거나, 퀴즈나 게임을 통해 능동적으로 수업에 참여하도록 유도하였다. 주제를 정한 뒤 관련 자료를 제시하거나 수행과정에서 적절한 도움을 주면서 학생들 스스로 과제 탐구의 다양한 방법을 경험할 수 있다. 다양한 탐구 활동을 통해 얻은 지식을 정리하고 확장해 나가면서 성취감을 얻도록 하였다.

⑤ 패러디 책 함께 읽기

잘 알려진 기존의 이야기를 모방하여 다른 내용으로 변형한 패러디 이야기를 함께 읽어볼 수 있다. 패러디 이야기는 친숙한 이야기를 과장하거나 재미있게 변형하여 고정관념을 깨고 기존 이야기에 담긴 내용 요소를 풍자하는 경우가 많다. 최근에는 어린이들에게도 친숙한 옛이야기를 패러디하여 원작의 전형적인 이야기 전개 방식이나 결말을 바꾸어 보여주는 재미있는 책들이 많이 찾아볼 수 있다.

오랜 세월 나쁜 인물의 전형으로 평가되어 온 인물들이 개성 있고 현실적인 인물로 등장하기도 하고 착하기만 하고 수동적인 인물들이 적극적인 성격의 인물로 등장하여 자유로운 삶을 선택하기도 한다. 원작과 패러디 동화를 함께 읽어보면서 옛이야기에 담겨 있는 여러 가지 내용 요소들을 비판적으로 생각해보고 열린 사고를 하는 효과를 기대할 수 있다. 기존의 이야기를 새로운 관점에서 바라보고 발상의 전환을 경험하는 것은 고정관념과 선입견을 깨고 상상력과 창의력을 넓히는 데도 도움이 된다.

옛이야기를 읽고 등장인물들의 입장을 바꾸어 생각해보거나 오늘날의 관점에서 이야기 속의 상황을 재해석해보는 활동을 할 수 있다. 등장인물의 성격을 변형하거나 내용이나 결말 바꾸어 써보는 활동을 통해 학생들 스스로 이야기의 내용을 재구성하고 패러디해보는 활동을 하면서 새로운 이야기의 생산자가 되어보는 경험도 가능하다.

1. 『팥죽 할머니와 호랑이』에서 호랑이도 할머니와 친구들과 함께 행복하게 지낼 수는 없을까요? 좋은 방법을 생각해보고 친구들과 함께 이야기 해 봅시다.

_____

_____

_____

_____

2. 『똥벼락』에서 김부자를 혼내주기 위해 똥벼락을 내린 산도깨비의 행동은 옳은가요? 산도깨비의 행동을 김부자의 입장에서 생각해보고, 자신의 생각을 글로 적어봅시다.

안녕? 나는 『똥벼락』에 나오는 김부자야. 우리집에서 30년 동안 일한 돌쇠 아버지에게 나는 밭을 주었지. 돌쇠 아버지도 좋아했어. 그런데 산도깨비는 내 허락도 없이 남의 집 귀한 똥을 돌쇠 아버지에게 줬잖아. 지난 봄 우리 손자가 똥독간에 빠뜨린 금가락지를 보고 나는 너무 화가 났지. 그래서 훔쳐간 똥을 곡식으로 갚으라고 했더니 산도깨비는 우리집으로 똥벼락을 보내버렸지. 사실 난 정말 억울하다고.

| 김 부자를 혼내주기 위해 똥벼락을 내린 산도깨비의 행동은 옳다. | ☐ |
| 김 부자를 혼내주기 위해 똥벼락을 내린 산도깨비의 행동은 옳지 않다. | ☐ |

함께 읽을 책

- 『팥죽 호랑이와 일곱 녀석』 최은옥 글, 이준선 그림, 국민서관, 2015
- 『팥죽 한 그릇』 오은영 글, 오승민 그림, 느림보, 2014
- 『호랑이가 들려주는 팥죽 할멈과 호랑이 이야기』 천미진 글, 김홍모 그림, 키즈엠, 2015
- 『유리 구두를 벗어 버린 신데렐라』 노경실 글, 주리 그림, 뜨인돌어린이, 2009
- 『콩숙이와 팥숙이』 이영경 글, 그림, 비룡소, 2011
- 『심청이 무슨 효녀야?』 이경혜 글, 양경희 그림, 바람의아이들, 2008
- 『백만장자가 된 백설공주』 로알드 달 글, 퀸틴 블레이크 그림, 조병준 옮김, 베틀북, 2010
- 『늑대가 들려주는 아기 돼지 삼형제 이야기』 존 셰스카 글, 레인 스미스 그림, 황의방 옮김, 보림, 1996
- 『밴드 브레맨』 유설화 글 그림, 책읽는곰, 2018

전래동화, 다른 매체와 장르로 함께 읽기

옛이야기를 사진, 그림, 오디오북, 텔레비전, 영화, 플래시동화, 애니메이션, 인터넷 등 다양한 매체를 통해 이야기를 다양하게 감상할 수 있다. 옛이야기를 원작으로 하는 다양한 매체 자료를 활용하면 학생들의 흥미를 유발하고 이야기를 더 입체적으로 감상하면서 재미있게 수용할 수 있다. 매체의 특성과 성격에 따라 이야기를 감상하는 능력과 태도를 기르고 다양한 매체들이 상호보완 하는 효과를 얻을 수 있다.

독후 활동으로 옛이야기의 내용을 그림, 만화, 동시로 표현하거나 노래 만들기, 영상 만들기와 같은 활동을 할 수 있다. 이야기의 내용을 다른 매체나 장르로 변용하여 재구성하고 생산하는 창의적 활동은 기초적인 표현 능력을 키우고 학생들이 어렵게 생각하는 문학 창작 활동에 친숙하게 접근하는데 도움을 줄 수 있다.

『설문대할망』을 읽고 재미있는 표현을 사용하여 이야기의 내용을 동시
와 그림으로 표현해 봅시다.

『훈장님의 꿀단지』이야기를 재미있게 읽은 뒤 이야기의 배경이 되는
서당의 모습을 그린 풍속화 김홍도의 《서당도》를 감상해보자. 다양한
질문을 통해 그림에 대한 호기심을 자극하고 그림에 대한 첫인상을 자
유롭게 이야기해 본다. 자유롭게 대화를 나누면서 그림 속의 시대와 사
회의 모습, 인물들의 표정이나 행동을 관찰하도록 유도할 수 있다. 옛
이야기와 그림 속에 반영되어 있는 객관적인 근거를 학생들이 스스로
발견하고 확인하는 활동을 통해 그림 속에 담겨 있는 다양한 정보들을
이해할 수 있다.

1. 《서당도》를 보고, 말풍선의 내용을 완성하여 그림 속 인물들이 나누는 대화를 만들어 봅시다.
2. 그림 속 학생들이 공부하는 모습은 우리들이 학교에서 공부하는 모습과 어떤 점이 다른가요? 오늘날의 모습과 비교해보고, 다른 점을 찾아봅시다.
3. 그림 속의 한 아이는 왜 울고 있을까요? 《서당도》를 보고, 자유롭게 상상하여 재미있는 이야기를 꾸며 봅시다.
4. 내가 만약 그림 속의 훈장님이라면 말썽꾸러기 아이들을 어떻게 타이를 수 있을까요? 좋은 방법을 생각해 봅시다.

옛이야기와 그림을 감상하고 그림 속 등장인물의 말이나 행동을 자유롭게 상상하여 새로운 이야기를 꾸며 쓰는 활동을 해 볼 수 있다. 창의적인 생각을 바탕으로 이야기를 재생산하는 활동을 한 뒤 결과를 공유하면서 같은 그림에 대한 감상과 상상의 결과가 서로 다르게 나타난다는 것도 자연스럽게 경험하게 된다.

그림 속의 한 아이는 왜 울고 있을까요?《서당도》를 보고, 자유롭게 상상
하여 재미있는 이야기를 꾸며 봅시다.

개똥이는 서당에서 천자문을 공부하다가 장난을 쳐서 매일 혼이 납니다.
오늘은 숙제를 안 해서 훈장님에게 종아리를 맞았습니다. 서당 친구들
은개똥이를 보면서 킥킥킥 웃었습니다. 개똥이는 회초리를 맞아서 아프
고 훈장님이랑 친구들이 미워서 더 크게 울었습니다. 훈장님은 울고 있
는 개똥이한테 미안해졌습니다.

함께 읽을 책

• 『신현림의 옛 그림과 뛰노는 동시놀이터』 신현림 글/그림, 살림어린
  이, 2011

전래동화, 신문기사와 함께 읽기

저학년 수업에서도 신문 읽기를 통해 살아있는 정보를 바탕으로 배경지식을 넓히고, 많은 정보 가운데 필요한 정보를 목적에 따라 선택하고 활용하는 능력을 키울 수 있다. 저학년 수업에서는 이야기 중심의 읽기 자료를 주로 선정하게 되는데 신문기사를 함께 읽는 활동을 통해 문학 독서와 비문학 독서를 통합적으로 하는 효과를 얻을 수 있다. 학생들의 흥미나 관심을 고려하여 시기에 따라 시의성에 맞는 주제를 선택해서 수업을 할 수 있다는 장점도 있다.

옛이야기를 신문기사와 함께 읽는 수업을 통해 평소 접근하기 힘든 신문 읽기의 유용성과 즐거움을 체험할 수 있다. 또한 이야기 속에 제시된 문제 상황을 바탕으로 다양한 정보와 구체적인 사회 현상에 관심을 가지고 오늘날의 문제와 관련지어 현재의 모습을 판단하거나 토론과 토의 활동을 통해 더 좋은 문제 해결 방법을 생각해 볼 수 있다.

저학년 수업에서는 처음부터 신문기사의 내용을 완전하게 이해하는 것보다 신문기사를 읽고 정보를 얻는 과정에 익숙해지도록 하는 것이 중요하다. 저학년 학생들이 스스로 읽고 이해하기 힘든 신문기사는 학생들의 수준에 맞게 편집을 해서 제시하거나 같은 내용의 TV 뉴스 영상을 통해 이해를 도와줄 수 있다. 신문기사를 읽기 자료로 제시한 뒤 선생님이 직접 읽어나가면서 읽기 시범을 보이거나 함께 읽으면서 익숙하지 않은 내용이나 구조의 글을 어떻게 읽어야 하는지 배울 수 있다.

신문기사를 읽은 뒤 새롭게 알게 된 내용이나 더 알고 싶은 내용을 정리해보거나 신문기사를 읽고 느낀 점을 바탕으로 댓글 쓰기 활동을 통해 자기 생각을 정리해본다. 반대로 신문기사의 기본 형식을 제시한 뒤 전래동화의 내용을 기사문으로 재구성하는 활동은 신문기사의 구조를 이해하는 데 도움이 된다. 이야기의 내용을 바탕으로 재구성된 기사문의 내용을 읽고 신문기사의 구성요소를 활용하여 표제를 써 보거나 육하원칙에 따라 기사문의 일부분을 쓰는 활동을 하면서 직접 정보의 소비자이면서 생산자가 되는 체험을 해보는 것이다.

우리 옛이야기나 저학년 학생들이 많이 읽는 창작 그림책에는 똥이 자주 등장한다. 똥과 관련하여 과학, 문화, 경제 분야의 다양한 정보와 지식을 전달하는 어린이 책들도 많다. 똥 이야기를 싫어하는 어린이들은 없고 어린이들은 '똥'이라는 글자가 등장할 때마다 더럽다고 얼굴을 찡그리면서도 쉬지 않고 웃는다. 처음 시작하는 신문읽기가 생소하고 어려운 학생들에게 호기심을 유발하고 재미있게 시작할 수 있게 해 주는 고마운 소재이다. 다양한 읽기 자료를 함께 읽은 뒤 새롭게 배우거나 알게 된 내용을 정리하면서 새로운 지식이나 정보를 의미 있게 조직하고 기억하는 학습 전략을 배워볼 수도 있다.

신문기사

- 《동물의 똥, 생각보다 쓸모 있다고요!》 2011-11-05, 이지현 기자, 어린이동아일보.
- 《코끼리 똥 커피, 한 잔 가격은?》 2019-03-05, 심소희 기자, 어린이동아일보.
- 《판다 똥으로 휴지 만든다》 2017-12-21 심소희 기자, 어린이동아일보.
- 《'똥' 냄새나고 더럽다고… 재활용하면 '돈'》 2015-11-04, 문일요 기자, 소년 한국일보.

함께 읽을 책

- 『강아지똥』권정생 글, 정승각 그림, 길벗어린이, 1996
- 『똥벼락』김회경 글, 조혜란 그림, 사계절, 2001
- 『세상에서 가장 멋진 내 친구 똥퍼』박지원(예덕선생전), 이은홍 지음, 2007
- 『배꼽 빠지게 웃기고 재미난 똥 이야기』박혜숙 글, 한상언 그림, 미래아이, 2009
- 『세계를 바꾸는 착한 똥 이야기』박소명 글, 정인석 그림, 북멘토, 2013
- 『똥의 진실』수잔 E.굿맨 글, 엘우드 H.스미스 그림, 박수현 옮김, 주니어 파랑새, 2005
- 『똥 똥 귀한 똥』보리 글, 김시영 그림, 보리, 2004
- 『끝내주는 똥 이야기』안나 한손 글, 지미 발린 그림, 이하영 옮김, 노란돼지, 2018
- 『똥 공장, 테마파크 되다!』마랴 바슬레르 글, 아네마리 판덴브링크 그림, 길벗어린이, 2018

학생들의 수행 결과

『똥벼락』을 읽고 난 뒤 '똥'에 대한 나의 생각은 어떻게 달라졌나요? 『똥벼락』과 [보기]를 읽고 새롭게 알게 된 사실과 느낀 점을 적어봅시다.

안녕? 나는 '똥'이야. 사람들은 나를 보면 얼굴을 찡그리면서 더럽고 냄새나는 것으로만 생각하지. 하지만 알고 있니? 나도 유용한 곳에 쓰인다는 사실을!

독일 뮌헨 동물원에서는 '코끼리 똥 전기'를 만들어. 코끼리의 똥을 모은 뒤 따뜻한 물을 붓고 30일 동안 숙성시켜. 이때 배설물 속에 있는 박테리아는 바이오가스로 분해가 된단다. 이 바이오가스로 엔진을 돌려 전기를 만들 수 있어.

사향고양이는 잘 익은 아라비카 커피 열매를 먹어. 열매가 고양이 뱃속에서 소화되면서 단단한 원두 부분이 똥으로 나오는데 이게 바로 루왁커피야. 가격은 한잔에 약 5만원이야. 루왁 커피보다 더 비싼 커피도 있어. 태국에서 코끼리 똥으로 만든 '블랙 아이보리'커피의 가격은 한 잔에 약 10만원이야. 맛은 고소하면서 꽃향기와 초콜릿향이 난다고 해.

새롭게 알게 된 사실	
느낀점	

우리 명절이나 절기를 배경으로 옛이야기를 신문기사와 함께 읽으면서 우리 생활과 밀접하게 연관된 명절과 절기에 대한 배경지식을 확장할 수 있다. 『팥죽 할머니와 호랑이』를 읽고 24절기 중 하나인 동지의 유래와 의미, 풍속 등 다양한 정보를 제공하는 신문기사를 읽고 다양한 활동을 해 본다. 관련 주제를 확장하여 학생들에게 생소한 우리나라의 명절이나 절기에 대해서 다양하게 알아볼 수 있는 기회를 제시하면 옛이야기에 나타난 조상들의 삶의 모습과 우리의 전통문화를 폭넓게 이해할 수 있다.

신문기사

- 《새알심 하나에 나이 한 살… "애들아, 팥죽 먹자."》 2019-12-19, 서원극 기자, 소년한국일보
- 《팥죽 쑤어 한 그릇 '뚝딱'… '잡귀야 물렀거라!'》 2018-12-20, 서원극 기자, 소년한국일보
- 《[뉴스 쏙 시사 쑥] 22일은 '동지'》 2015-12-21, 어린이동아 취재팀
- 《오늘은 낮이 가장 짧은 '동지' 팥죽 먹고 질병 귀신 쫓지요》, 2010-12-22, 어린이동아 취재팀

〔보기〕를 읽고 ㉠과 ㉡에 알맞은 말을 넣어 내용을 완성해 봅시다.

  ㉠ 는 1년 중 밤이 가장 길고 낮이 가장 짧은 날이에요. ㉠ 에 먹는 대표적인 음식으로 ㉡ 을 들 수 있어요. 우리 조상들은 ㉠ 에 ㉡ 을 먹으면 한 살을 더 먹는다고 생각했어요. 그리고 우리 조상들은 붉은색이 귀신을 물리치는 색이라고 생각해서 집안이 평화롭고 병이 없기를 기도할 때 ㉡ 을 많이 해 먹었대요.

㉠   ㉡

다른 나라 친구들에게 소개하고 싶은 우리나라 명절이나 절기에는 어떤 것들이 있나요? 우리나라의 재미있는 기념일을 소개하는 글을 써 봅시다.

함께 읽을 책

- 『그림으로 만나는 사계절 24절기』 이여희, 김수연, 정수, 박연경 글/그림, 머스트비, 2019
- 『사시사철, 우리 놀이 우리 문화』 이선영 글, 최지경 그림, 백희나, 한솔수북, 2019
- 『견우 직녀』 이미애 글, 유애로 그림, 보림, 2007
- 『귀신 단단이의 동지 팥죽』 김미혜 글, 최현묵 그림, 비룡소, 2010
- 『청개구리 큰 눈이의 단오』 김미혜 글, 조예정 그림, 비룡소, 2010
- 『복주머니랑 그네랑 신나는 명절이야기』 햇살과나무꾼 글, 조은희 그림, 해와나무, 2005

    제주도의 옛이야기 『설문대할망』을 읽고 설문대할망과 자연의 생태와 현상을 관련지어 읽어볼 수 있다. 신문기사와 함께 읽으면서 제주의 한라산과 오름이 형성된 배경을 알아보거나 홍수와 가뭄, 지진, 기후 변화와 같은 자연재해에 대해 알아보고 자연과 인간의 관계에 대해 생각해 볼 수 있다. 나아가 환경오염과 개발로 자연이 훼손되는 문제와 관련하여 인간이 자연을 대하는 태도와 필요한 노력에 대해 생각해보면서 주제를 확장해 나갈 수 있다.

신문기사

- 《다섯 달째 꺼지지 않는 호주 산불… 코알라도 캥거루도 "살려주세요"》
  2020-01-08, 최유란 기자, 어린이동아
- 《기후변화 막기 위한 세계 각국의 미션 "탄소에서 벗어나라, 오버"》
  2020-07-27, 최유란 기자, 어린이동아

설문대할망과 우리가 사는 자연은 어떤 점이 비슷할까요? 자연이 우리에게 주는 도움과 어려움에는 어떤 것이 있는지 찾아봅시다.

자연이 주는 도움	①
	②
자연이 주는 어려움	①
	②

우리가 자연에게 해 줄 수 있는 일에는 어떤 것들이 있을까요?『설문대할망』을 읽고, 자연과 사람들의 관계에 대해 생각해보고, 자연에게 보내는 편지를 써 봅시다.

자연아. 우리에게 맛있는 음식을 주어서 고마워. 사람들은 과일과 곡식, 채소를 맛있게 먹을 수 있거든. 하지만 뉴스에서 본 것처럼 가끔 자연재해 때문에 무서울 때가 있어. 그러니까 사람들이 자연에게 피해를 주지 않도록 노력해야겠어. 이제 음식을 되도록 남기지 않고 쓰레기를 아무 데나 버리지 않을 거야. 앞으로 자연을 위해 열심히 노력할게. 그럼 안녕!

자연에게. 자연아 우리 사람들을 위해 먹을 것을 주고 공기를 주고 사람들에게 삶의 터전이 되어줘서 고마워. 자연이 있어서 사람들이 편하게 살아갈 수 있어. 하지만 우리의 편리한 생활을 위해 자연을 점점 해치고 있어. 환경오염을 줄이지 못하면 자연이 화가 날 수도 있으니까 우리 모두 노력해야겠어. 설문대할망과 제주도 사람들처럼 자연과 사람들이 서로 도와주면서 행복하게 잘 살 수 있을 거야.

자연아, 우리가 미안해. 사람들이 산과 바다에 쓰레기를 많이 버려서 자연을 아프게 해서 미안해. 그래서 이제부터 나는 쓰레기를 많이 버리지 않고 분리수거를 잘 할 거야. 자연을 아끼고 사랑해야겠다고 생각했어. 쓰레기를 함부로 버리지 않을게. 이제부터는 앞으로는 자연을 아끼고 사랑하는 마음을 가질게.

함께 읽을 책

- 『큰할망이 있었어』 김영화 글/그림, 낮은산, 2016
- 『설문대할망』 송재찬 글, 유동관 그림, 봄봄출판사, 2007
- 『우리의 섬 투발루』 조민희 글, 정종오 그림, 크레용하우스, 2019
- 『투발루에게 수영을 가르칠 걸 그랬어!』 유다정 글, 박재현 그림, 미래아이, 2008
- 『안녕, 폴』 센우 글/그림, 비룡소 2014
- 『코끼리는 어디로 갔을까?』 바루 글, 그림, 사파리, 2015
- 『사랑』 이재민 글, 원유성 그림, 노란돼지, 2013

전래동화, 속담과 한자성어 함께 읽기

  속담이나 사자성어와 같은 관용 표현을 통해 오랜 세월에 걸쳐 조상들이 삶에서 얻은 지혜와 교훈을 얻을 수 있고, 관용 표현에 반영된 옛사람들의 생활 모습과 당시의 사회 모습과 문화도 함께 알아볼 수 있다. 다양한 관용 표현에 대한 이해는 독해력 향상에 도움을 주고 말하기와 글쓰기에서 상황에 어울리는 관용 표현을 비유적으로 적절하게 활용하면서 자신의 생각을 더 풍부하게 표현할 수 있도록 도와준다.

  국어 교과의 학습을 위해 여러 가지 관용표현을 단순한 지식으로 생각하고 그 의미를 기계적으로 외우는 것이 아니라 이야기의 맥락과 문화적 배경을 바탕으로 속담의 의미를 자연스럽게 이해하는 것은 국어 문화를 이해하고 국어 능력 향상에도 도움이 될 것이다.

  저학년 수업에서는 전래동화를 읽고, 읽기 자료의 일부분이나 등장인물의 행동, 이야기의 전체 주제와 관련된 속담을 다양한 퀴즈 형식으로 재미있게 알아볼 수 있도록 했다. 읽기 자료의 내용과 관련하여 일상생활에서 겪을 수 있는 상황이나 경험과 연관 지어 생각해보도록 하면 쉽고 재미있게 이해할 수 있다. 또한 같은 의미가 같은 속담과 반대 의미의 속담 표현을 함께 알아보거나 비슷한 의미의 속담을 가진 사자성어를 알아볼 수도 있다.

『소가 된 게으름뱅이』를 읽은 뒤 '부지런함'과 관련된 속담을 알아보고 빈칸에 알맞은 말을 넣어봅시다.

- 일찍 일어나는 ○가 ○○를 잡는다
- ○○도 부지런해야 더운 ○을 얻어 먹는다.
- 구르는 ○에는 ○○가 끼지 않는다.
- ○○도 줄을 쳐야 ○○를 잡는다.

『소가 된 게으름뱅이』를 읽고 이야기의 내용과 관련된 한자성어를 알아봅시다.

집으로 돌아온 게으름뱅이는 더 이상 게으름을 부리지 않았어요. 게으름뱅이는 [㉮   ] 하여 부지런한 사람이 되었습니다. 아침부터 저녁까지 열심히 일하며 어머니와 행복하게 살았답니다.

改過遷善	개과천선
한자	改 고칠 개 過 잘못 과 遷 옮길 천 善 착할 선
의미	지난날의 잘못을 뉘우치고 고쳐 착하게 됨

✏️ **학생들의 수행 결과**

『소가 된 게으름뱅이』를 읽고, 소가 된 게으름뱅이 아저씨에게 보내는 편지를 써 봅시다.

> ① 『소가 된 게으름뱅이』를 읽고 나서 느낀 점이 드러나도록 글을 씁니다.
> ② '부지런함'과 관련된 속담이 들어가도록 글을 씁니다.
> ③ 자신의 경험을 떠올려보고 나에 대한 반성과 다짐이 들어가도록 글을 씁니다.

게으름뱅이 아저씨. 소가 되어서 무서웠을 것 같아요. 다시 사람으로 돌아와서 정말 다행이에요. 저도 아저씨처럼 아침에 일찍 일어나기 싫어서 늦잠을 잘 때가 많았어요. '일찍 일어나는 새가 벌레는 잡는다'는 속담도 있잖아요. 앞으로 늦잠을 자지 않을 거예요. 부지런한 사람이 되면 더 행복하게 살 수 있을 것 같아요. 저도 다음부터는 열심히 노력할 거예요. 앞으로 아저씨도 더 부지런한 사람이 되세요!

4장

독서토론논술 수업
성공의 전략

초등 저학년, 독서토론 어떻게 시작할까?

"저학년 학생들도
독서토론을 할 수 있나요?"

저학년 학생들을 대상으로 하는 수업에서도 독서토론이 가능한지 많은 분들이 궁금해하신다. 수업을 진행해보면 이론과 실제에는 큰 차이가 있고, 저학년 학생들이 읽기 자료를 읽고 토론 주제를 스스로 정하거나 주제를 탐구하고 자료를 조사하여 토론을 준비하는 것은 불가능하다. 저학년 학생들을 대상으로 하는 독서토론수업은 선생님이 질문을 제시하여 읽기 수행 정도를 확인하거나 창의적 사고를 할 수 있도록 유도하고 자기 생각을 자유롭게 발표하거나 대화를 나누는 형식으로 진행되는 경우가 많다.

저학년 수업에서도 독서토론 진행 과정에 선생님이 적절하게 개입하면서 다양한 정보를 적절하게 제시하고 도움을 주면 토론 활동을 계획하면서 의도한 결과를 충분히 얻을 수 있다. 읽기 자료에 대한 충분한 이해가 이루어진 뒤에 적절한 논제를 제시하면 제시된 논제에 따라 자신의 입장을 정하여 근거를 들어 말하고, 좋은 문제 해결방법을 생각하여 말하는 토론 활동이 가능하다.

저학년 시기에 학생들은 선생님과 친구들 앞에서 하는 발표를 통해 처음으로 공식적인 말하기를 경험하게 된다. 독서토론 활동에서의 말하기는 여러 친구 앞에서 말한다는 점에서 교실 수업에서 경험하는 발표와 비슷하지만 말할 내용을 일방적으로 전달하는 것이 아니라 쌍방향으로 의견을 교환하는 말하기라는 점에서 차이가 있다. 말하기만큼 다른 친구들의 의견을 잘 듣는 태도가 중요하고 정해진 절차와 규칙을 지키면서 존중하고 배려하는 언어 예절을 지키는 것도 필요하다.

독서토론 수업에서 '토론'은 찬성과 반대의 입장으로 나누어 상대방을 설득하는 경쟁적 의사소통을 말한다. 읽기 자료의 내용과 성격에 따라 여러 사람이 서로 좋은 의견을 제시하여 합리적인 대안을 찾는 '토의' 형식의 말하기 활동을 해 보거나 책을 읽은 뒤 새롭게 알게 된 것을 이야기하고 내용이나 주제와 관련하여 서로 다른 경험과 이해를 자유롭게 말해보는 활동을 하면서 수업을 진행할 수도 있다.

독서토론논술 수업에서 이루어지는 여러 형식의 말하기는 그 성격이 분명히 다르지만 제시된 주제에 대해 다양한 의견을 교환하면서 구체적인 문제 해결 방법을 생각해보고 생각의 폭을 넓히는 말하기라는 공통점이 있다. 독서토론에서 여러 형태의 말하기 활동을 융통성 있게 적용하는 것은 독서의 결과로 의미를 구성하고 이해를 정교화하면서 독서 능력과 표현력을 키우는 데 도움을 줄 수 있다.

독서토론 수업에 적용할 수 있는 다양한 토론 모형이 있고 고학년 이상의 수업에서는 특정 토론 활동 모형을 적용하거나 토론 집단을 다양하게 구성하여 운영할 수 있고 선생님의 개입은 최소화하면서 학생들이 주도하는 토론 활동이 효과적으로 이루어질 수도 있다. 그러나 저학년 수업에서 토론 순서와 규칙을 지키면서 학생들이 주도적으로 토론을 이끌어 가는 완성된 형태의 토론이 이루어지기는 어렵다. 저학년 수업에서는 학생 수가 많더라도 모둠별로 소집단을 구성하고 학생들에게 주도권을 주는 형식의 토론 활동은 적합하지 않다.

저학년 수업에서는 토론의 형식이나 절차를 엄격하게 적용하는 것이 아니라 최소한의 토론 형식을 지키면서 한 가지 주제에 대해 의견 교환이 충분히 이루어지는 것에 중점을 두고 시작하는 것이 효율적이다. 책의 내용과 관련하여 적절한 주제를 제시하고 대화식 독서토론 과정에 학생들이 두루 참여하도록 유도하면서 자유롭게 의견 교환이 이루어지도록 하는 방법을 통해서도 의미 있는 활동 결과를 충분히 얻을 수 있다.

독서토론 준비하기 :
좋은 논제 만들기

성공적인 독서토론 수업을 만들기 위해서는 수업의 전 과정에 대한 계획이 필요하다. 가장 핵심적인 준비는 좋은 논제를 제시하는 것이다. 좋은 논제를 제시할 때 저학년 학생들도 읽기 자료에 대한 이해와 감상을 바탕으로 자기 주도적으로 토론 과정에 참여할 수 있고, 생각의 폭과 깊이를 넓혀나가는 지적 탐구 활동을 충분히 경험할 수 있다. 학생들이 활발하게 대화를 나누면서 토론 과정이 원활하게 진행될 때 통합적 사고력과 의사소통 능력을 키울 수 있는 토론 수업으로서의 교육적 효과도 기대할 수 있다.

좋은 논제를 만들기 위해 몇 가지 기준을 정하는 것이 필요하다. 내용적인 면에서 토론 활동을 위해 읽기 자료로 함께 읽은 책의 내용과 주제에 충실해야 한다는 데 주안점을 두었다. 이야기의 전체적인 맥락과 관계없는 단편적인 부분만을 다루거나 핵심 내용이나 주제에서 크게 벗어난 논제로 토론 활동을 진행하는 것은 한 권의 책이나 읽기 자료를 읽은 뒤 주제를 이해하고 의미를 구성하는 데 도움이 되지 않고 오히려 책을 오독하는 결과로 이어질 수 있다. 말하기와 듣기, 읽기와 쓰기가 유기적으로 이루어지는 독서토론논술 수업의 장점을 극대화하기 위해 핵심 내용이나 주제를 바탕으로 논제를 제시할 필요가 있다.

제시하는 논제의 범위를 한정하는 것도 필요하다. 지나치게 넓은 주제를 다루면 토론 진행 과정에서 이야기가 곁길로 빠지면서 학생들이 혼란을 겪고 제한된 시간에 효율적 토론이 이루어지기 어렵다. 토론 활동 시작 전 논제를 소개할 때 관련된 읽기 자료의 일부분이나 논제의 이해를 돕는 보조 자료를 함께 제시하면 논제의 방향을 구체적으로 한정해서 학생들의 이해를 돕는 데 도움이 된다. 논제는 하나의 중심 내용을 가지고 찬반 논쟁이 명확하게 가능한 것으로 정하여 학생들이 가치를 판단하는 데 어려움을 느끼지 않고 자신의 입장을 스스로 선택할 수 있도록 했다.

『선녀와 나무꾼』에서 나무꾼이 날개옷을 숨겨 선녀와 결혼한 행동은 정당한가요? 친구들과 토론해보고 자신의 생각을 글로 적어봅시다.

| 날개옷을 숨겨 선녀와 결혼한 나무꾼의 행동은 정당하다. | ☐ |
| 날개옷을 숨겨 선녀와 결혼한 나무꾼의 행동은 정당하지 않다. | ☐ |

▌자료제시1

> "선녀의 날개옷을 숨기세요. 그러면 날개옷의 주인은 하늘로 올라가지 못해요. 그리고 하늘로 올라가지 못한 선녀와 결혼하세요. 날개옷을 숨긴 건 아이 세 명을 낳을 때까지 비밀로 하셔야해요."
> 나무꾼은 연못을 찾아가서 사슴의 말대로 날개옷 한 벌을 숨겼습니다. 선녀들이 하늘로 돌아가는데 날개옷을 도둑맞은 선녀는 울고 있었습니다. 나무꾼은 울고 있는 선녀를 집으로 데리고 와서 아내로 삼았습니다.

우리 : 나무꾼은 사냥꾼에게 쫓기는 사슴의 목숨을 구해주었고,
사슴이 나무꾼에게 은혜를 갚아서 복을 받은 것이라고 생
각합니다.
나라 : 나무꾼은 남의 옷을 몰래 숨겨서 결혼했습니다. 나무꾼
은 선녀의 입장은 생각하지 않고 선녀에게 거짓말을 했
습니다.

무엇보다 학생들의 수준에서 그 내용을 충분히 이해할 수 있는 쉬운
주제를 제시할 때 스스로 문제 해결 방법을 생각할 수 있고 활발한 토론
활동이 이루어질 수 있다. 학생들의 호기심을 자극하고 재미있는 토론
진행을 위해 일상생활의 경험과 밀접한 관련이 있는 문제를 제시하면
쉽게 공감할 수 있고 실질적으로 문제에 접근하고자 하는 동기를 갖게
된다. 또한 문제해결 방법의 결과가 긍정적으로 예측될 수 있는 것으로
논제를 만드는 것을 원칙으로 정했다.

읽기 자료
두 번 읽기 + 같이 읽기

저학년 시기에는 분량이 적은 책을 주로 읽다 보니 하루에 여러 권의 책을 읽을 수 있다. 그러나 많이 읽는 것만큼 한 권의 책도 제대로 읽는 연습이 필요하다. 저학년 학생들이 한 권의 책이나 읽기 자료를 혼자 읽은 뒤 내용을 이해하고 스스로 의미를 구성하는 것은 힘든 일이다. 수업 전 읽기 자료를 미리 읽어오도록 하면 결국 부모님의 도움이 필요하기 때문에 현실적 어려움이 따르고, 실제 수업을 진행해보면 읽기 자료에 대한 이해 수준에 개인차가 있어서 수업 진행에 어려운 점이 많다. 그래서 저학년 수업에서는 읽기 자료를 미리 준비하거나 읽어오지 않고, 수업 시간에 함께 읽는 것을 원칙으로 했다.

독서토론논술 수업이 효율적으로 이루어지려면 먼저 읽기 자료에 대한 충분한 이해가 필수적인데 읽기 자료를 반복해서 읽는 것은 내용을 구체적으로 이해하는 데 도움이 된다. 특히 이야기 글에서는 등장인물의 말이나 행동을 중심으로 이야기의 줄거리를 이해하고 이를 바탕으로 토론 활동에서 자신의 입장을 뒷받침 할 수 있는 구체적 근거를 이야기 속에서 스스로 찾을 수 있어야 한다.

실제 수업에서는 학생들에게 읽기 자료를 제시하고 묵독의 방식으로 자유롭게 혼자 읽도록 한 뒤, 교사의 안내에 따라 같이 읽는 활동을 통해 두 번 읽는 활동이 이루어지도록 했다. 읽기 자료의 성격에 따라 교사와 학생이 번갈아 가며 읽거나 학생들이 서로 번갈아 가며 읽도록 하여 다양한 방식으로 읽기를 진행하면서 읽기 자료에 주의를 집중하면서 꼼꼼하게 읽도록 한다.

읽기 자료를 함께 읽는 활동을 통해 학생들은 읽기 활동 자체를 중요하게 생각하게 되고, 친구들 앞에서 목소리를 내어 읽을 기회를 통해 수업에 적극적으로 참여하도록 유도할 수도 있다. 또한 학생들의 읽기 수행 과정을 관찰하면서 읽기 능력이 상대적으로 부족한 학생들이 수업 진행 과정에서 소외되지 않도록 개별적인 도움을 줄 수 있다.

저학년 수업에서 함께 읽기를 통해 능숙한 독자인 교사가 직접 읽기 시범을 보이면 학생들은 읽기에 필요한 기초적인 읽기 방법과 전략을 자연스럽게 배우기도 한다. 읽기 자료의 구조와 내용을 잘 이해할 수 있고, 유창하게 읽고 의미를 구성하는 데 도움을 얻는다. 지나치기 쉬운 그림이나 사진을 자세히 살펴보기도 하고 읽기 자료의 내용과 관련 있는 보조 자료를 제시하여 흥미를 유발하기도 한다. 읽기 과정에서 옛이야기를 재구성한 동영상 자료를 적절히 활용하면 학생들에게 재미와 즐거움을 줄 수 있고 읽기 자료를 읽으면서 상상한 내용을 시각적으로 구체화하는 효과도 얻을 수 있다.

읽기 자료를 함께 읽은 뒤 다양한 활동을 구성하여 동료 학습자인 친구들과 다양한 반응을 공유하면서 글의 내용을 구체적으로 이해하는 데 도움을 주고 읽기 수행 능력을 확인할 수 있다. 독서 퀴즈, 빈칸 채우기. 문장 만들기 등을 통해 어려운 어휘나 표현을 이해하고 표면적으로 드러나는 내용을 확인한다. 등장인물 분석표 만들기, 감정 그래프 그리기, 가상 인터뷰 완성하기 등을 통해 상황 맥락과 등장인물의 행동을 비판적으로 이해할 수 있다. 시간의 순서, 원인과 결과, 문제 상황과 해결 방법 등 이야기의 구조에 따라 줄거리를 정리해보는 것도 이어지는 독서토론 활동을 준비하는 데 도움이 된다.

 학생들의 수행 결과

▌빈칸 채우기

『똥벼락』을 읽고, ☐☐☐☐☐☐☐ 안에 들어갈 알맞은 낱말을 [보기]에서 찾아 이야기의 내용을 완성해 봅시다.

[보기] 풍년 똥 새경 돌밭 거름 금가락지 곡식 똥벼락

① 김부자는 돌쇠 아버지를 30년 동안 머슴으로 부려먹고 [   ]으로 풀 한 포기 자라지 않는 돌밭을 주었습니다.

② 돌쇠 아버지와 돌쇠는 밭에 뿌릴 거름이 없어 열심히 [   ]을 모았습니다.

③ 하루는 돌쇠 아버지가 산 너머 잔칫집에 갔다가 배가 아파 집으로 달려갔습니다.

④ 산중턱에 이르자 그만 참지 못하고 똥을 누다가 낮잠 자던 산도깨비를 깨우고 말았습니다.

⑤ 깜짝 놀라 똥을 뭉갠 돌쇠 아버지가 똥이 아깝다고 울자 산도깨비가 김 부자네 똥을 돌쇠 네로 보내주었습니다.

⑥ 돌쇠 네는 수북이 쌓인 똥으로 [   ]을 만들어 돌밭에 내다 뿌렸더니 농사가 아주 잘 되었습니다.

⑦ 밭에서 누런 [   ]를 발견한 돌쇠 아버지는 김부자네로 달려가 그 동안 있었던 일을 말했습니다.

⑧ 돌쇠 아버지는 도둑으로 몰려 뼈가 녹신녹신해지도록 매를 맞았습니다.

⑨ 김 부자는 가져간 똥을 갚거나 [   ]을 몽땅 내놓으라고 으름장을 놓았습니다.

⑩ 그 이야기를 듣고 화가 난 산도깨비는 온 세상 똥을 김 부자 네로 보냈습니다.

⑪ 밤새도록 [   ]이 내리치더니 마을에 커다란 똥산이 생겼습니다.

⑫ 온 동네 사람들이 똥거름으로 농사를 지었더니 계속해서 □□□□이 들었습니다.

▌ 감정그래프 그리기

『구렁덩덩 새 선비』를 읽고 일어난 일을 바탕으로 셋째 딸의 감정 그래프를 그려봅시다.

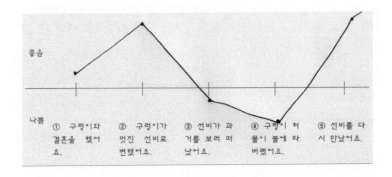

읽기 자료에 대한 이해를 돕고 학생들의 읽기 수행 정도를 파악하기 위해 여러 가지 전략을 활용할 수 있지만 지나치게 많은 활동을 제시하는 것보다 흥미를 느끼고 읽기 자료를 탐색하고 효과적으로 이해하도록 하는 것이 중요하다. 실제 수업에서는 독서토론과 논술 활동을 진행하기 위한 준비 단계로써 필요한 핵심 내용이나 주제를 중심으로 한두 개의 핵심 활동이 이루어지도록 하는 데 중점을 두었다.

초등 저학년, 독서토론 진행하기

독서토론은 말하기 활동이지만 읽기 자료에 대한 이해의 수준을 심화하고 확장하는 또 하나의 독서 활동으로 볼 수 있다. 독서토론 활동을 통해 읽기 자료의 내용과 주제를 더 구체적으로 이해하고 내용을 범교과적으로 넓혀가면서 통합적으로 생각하는 기회를 경험하는 것이 중요한 목표이다.

학생들은 제시된 문제 상황을 바탕으로 친구들과 의견을 교환하는 과정을 통해 읽기 자료의 내용을 새로운 관점으로 이해하거나 비판적으로 생각해 볼 수 있고, 혼자 읽기 상황에서 그냥 지나치거나 잘못 이해한 내용을 다시 한번 생각해보고 오류를 수정하기도 한다. 독서토론이라는 말하기 상황을 경험하면서 읽기 자료를 탐구하고 자기 생각을 구체화하며 정교화하는 것이다. 친구들과 생각을 나누는 활동을 통해 즐거움을 느끼고 책읽기의 동기를 높이는 것도 기대할 수 있다.

저학년 수업에서는 하나의 논제를 가지고 20분 내외의 토론이 이루어지도록 계획하여 진행한다. 찬반토론의 경우에도 토론 형식과 시간 발언 순서를 융통성 있게 적용해서 활발한 의견교환이 이루어지는데 중점을 두었다. 토론의 형식은 최소화하면서 자신의 생각을 말하고 상대방의 의견을 듣고 반박하는 활동이 교차적으로 이루어지도록 토론 과정에 적절히 개입할 필요가 있다. 학생들 스스로 질문을 만들고 함께 답을 찾아가는 대화를 할 수 있도록 격려하면서 수업 장면을 이끌어가는 역할이 무엇보다 중요하다.

한정된 범위에서 이루어지는 토론이지만 제시된 읽기 자료를 읽은 뒤 하나의 주제에 대해 이야기를 나누는 활동을 반복하면서 토론의 일반적 형식과 규칙을 자연스럽게 이해할 수 있게 된다. 토론이라는 새로운 말하기 형식과 절차에 익숙해지고 진행 과정에서 자유롭게 자신의 의견을 제시하면서 지적 탐구의 경험을 할 수 있다.

독서토론 진행 방법

도 입	1. 독서 토론 논제 소개하기 2. 읽기 자료에서 논제와 관련된 정보와 문제 상황 파악하기 3. 논제에 대한 생각을 정리하여 찬성과 반대 입장 정하기

독서토론을 시작하기 전 논제를 소개하고, 읽기 자료에서 토론 논제와 관련 있는 부분을 제시하여 다시 읽어볼 수 있도록 한다. 간단한 질

문을 제시하여 읽기 자료에 나타나 있는 정보와 문제 상황을 충분히 파악할 수 있도록 도움을 줄 수 있다. 읽기 자료의 내용과 문제 상황을 충분히 이해했을 때 저학년 학생들도 논제에 대해 충분히 자신의 의견을 표현하면서 주제에서 벗어나지 않고 원활한 독서 토론을 이어나갈 수 있다.

저학년 수업에서는 학생들에게 주도권을 주고 상호 협의를 하게 하거나 직접 자료조사를 하는 수행과정에 어려움이 따르기 때문에 읽기 자료를 최대한 활용하여 토론이 원활하게 진행될 수 있도록 수업을 계획했다.

읽기자료의 내용을 충분히 파악한 뒤 학생들이 논제에 대해 찬성과 반대의 입장을 선택하도록 한다. 실제 저학년 수업에서는 토론 진행이나 발언 횟수의 균형을 위해 찬성, 반대 입장의 인원수를 일부러 조절하지 않고 자유롭게 선택하도록 했다. 토론 절차와 규칙을 엄격하게 적용하는 것보다 자유로운 분위기에서 의견을 교환하고 대화를 통해 읽기 자료를 깊이 이해하는 것에 중점을 두었다.

전개	1. 토론 규칙과 시간을 지키면서 토론 진행하기 2. 다양한 의견 교환이 이루어지도록 자유로운 분위기 조성하기 3. 입장을 뒷받침하는 근거를 마련하여 논리적으로 말하도록 격려하기 4. 학생들의 발언을 요약하여 명료하게 정리하기

　저학년 독서토론에서도 논제에 대한 자신의 입장을 밝히고 읽기 자료에 나타나있는 등장인물들의 말과 행동을 근거로 들어 다른 사람들을 논리적으로 설득하는 말하기 연습을 할 수 있다. 토론 과정에서 제시한 의견이 주제나 맥락에서 벗어나거나 오류가 있을 때 바로잡기 보다는 주제를 다시 언급해주고 토론의 범위를 한정해주고 다시 생각해보는 기회를 주면서 대화를 이끌어 나간다.

　저학년 독서토론 수업에서 선생님은 적극적인 의견 교환이 이루어지도록 이끌어가는 사회자의 역할을 수행한다. 학생들이 부담을 갖지 않고 자신의 의견을 자유롭게 말할 수 있도록 분위기를 조성하고, 소수의 학생들이 발언권을 독점하지 않도록 발언 기회를 조절하면서 원활한 토론 활동이 이루어질 수 있도록 돕는다. 토론 진행 과정에 적절히 개입하면서 학생들의 사고를 자극하여 유의미한 답변을 이끌어 낼 수 있는 질문을 제시하거나, 학생들의 발언을 요약하여 명료하게 정리하고 보충하면서 도움을 주는 것도 필요하다.

많은 학생들을 대상으로 전체 수업으로 진행되는 토론 과정에서 여러 학생들에게 발언 기회를 많이 주다보면 비슷한 의견이 반복되어 제시되는 경우가 많다. 같은 내용이 반복되더라도 변형된 형식으로 재진술 해 주거나, 같은 의견의 횟수를 표시하면서 아이들이 제시한 의견을 최대한 수용해주는 것이 좋다.

학생들은 토론 활동을 통해서 읽기 자료에 나타나 있는 문제 상황을 다양한 관점에서 생각해 볼 수 있고 문제를 해결하는 과정을 경험할 수 있다. 문제 해결 방법을 논의하는 과정에서 가장 중요한 것은 '좋은 방법을 찾기 위한 것'이어야 한다는 점이다. 재미있고 창의적인 내용이라고 해서 다른 사람의 이해와 공감을 얻기 어렵고, 실현 가능성이 없다면 좋은 문제 해결방법이 될 수 없다. 장난스럽게 문제에 접근하는 태도가 불필요하고, 다른 사람에게 불쾌감이나 피해를 주거나 폭력적인 방식으로 문제를 해결하는 방식은 옳은 방법이 아니라는 것을 분명히 알려줄 필요가 있다.

또한 토론 과정에서 선생님이 주관적인 생각을 표현하게 되면 특정 의견에 대한 선입견이나 편견을 갖게 될 수 있다. 개별 학생들의 주관적 반응을 최대한 존중하고 학생들의 객관적인 입장을 견지하면서 토론이 이루어지도록 주의할 필요가 있다.

정 리	1. 학생들의 발언 중 중요한 의견들과 토론 결과를 요약하고 정리하기 2. 독서토론이 끝난 뒤 최종 입장이 바뀐 학생들의 이유 들어 보기 3. 토론의 진행 과정과 결과 평가하기

　　토론이 찬성, 반대 입장을 정한 뒤 상대방을 설득하는 말하기 형식이라고 하여 지나친 경쟁이 되거나, 토론이 끝난 뒤 승패를 판정하거나 평가하는 방식으로 진행하면 독서토론을 통해 기대하는 효과를 얻기 어렵다. 읽기 자료를 이해하고 탐구한 내용을 바탕으로 자기 생각을 자유롭게 말하고, 의견을 교환하는 활동을 통해 읽기 자료를 더 깊이 탐구하고 이해의 폭을 넓히는 방향으로 이루어지는 것이 바람직하다.

　　실제 수업에서는 토론 정리 단계에서 각 입장에서 나온 발언들을 요약하고 정리한 뒤 더 좋은 문제 해결방법을 모색하고, 자신의 생각이 토론 시작 전에 정한 입장에서 바뀌었다면 그 이유를 말해보는 것으로 마무리 할 수 있도록 했다. 독서토론 활동을 마친 뒤 논제에 대해 자신의 최종 입장이 잘 드러나는 글쓰기를 할 수 있도록 안내한다.

사회자 : 『토끼와 자라』에서 용궁에 간 토끼는 용왕님에게 자신의 간을 육지에 두고 왔다고 했습니다. 토끼가 거짓말을 한 이유는 무엇인가요? 오늘은 '토끼의 거짓말은 정당하다'라는 논제로 찬반토론을 해 보겠습니다. 논제에 대해 자신의 입장을 선택하고 토론을 마친 뒤 최종 입장을 다시 정하도록 하겠습니다. 먼저 '토끼의 거짓말은 정당하다'고 생각하는 학생들의 의견을 들어보겠습니다.

찬성 : 토끼의 거짓말은 정당합니다. 토끼는 자라에게 속아서 용궁에 갔습니다. 만약 토끼가 간을 육지에 놓고 왔다고 거짓말을 하지 않았다면 토끼는 용궁에서 죽었을 것입니다.

찬성 : 토끼는 자라의 말을 믿고 용궁까지 따라갔습니다. 토끼는 자신의 목숨을 지키기 위해 어쩔 수 없이 거짓말을 한 것입니다.

사회자 : 찬성 입장에서는 토끼가 자신의 목숨을 지키기 위해 거짓말을 할 수밖에 없었다고 이야기를 했습니다. 이번에는 '토끼의 거짓말은 정당하지 않다'고 생각하는 학생들의 의견을 들어보겠습니다.

반대 : 토끼의 거짓말은 옳지 않습니다. 거짓말을 하는 것은 나쁘기 때문입니다.

사회자 : ○○ 친구가 거짓말을 하는 것은 나쁘다고 했는데요, 반대 입장에서 보충 의견을 말해 볼 수 있는 친구가 있나요?

반대 : 거짓말을 하면 다른 사람에게 피해를 줄 수 있습니다. 토끼의 거짓말 때문에 용왕님은 토끼가 간을 가져오기를 기다리다가 병을 고치지 못하고 죽을 수도 있고 자라도 토끼가 거짓말을 하고 도망가 버려서 너무 슬퍼했습니다. 토끼는 솔직하게 말을 해야 했습니다.

사회자 : 토끼의 거짓말로 용왕님과 자라가 피해를 보게 되었다고 했습니다. 용왕님이나 자라의 행동에는 문제가 없을까요? 반대 입장의 주장에 대해 질문을 하거나 반박 의견을 제시해 보겠습니다.

찬성 : 만약 토끼가 거짓말을 하지 않고 솔직하게 말했다면 자신의 목숨을 지킬 수 있었을까요? 그리고 토끼가 잘못도 없이 용궁에서 그냥 죽는다면 너무 억울할 것입니다.

찬성 : 토끼에게 먼저 거짓말을 한 것은 자라입니다. 그리고 용왕님의 병을 고치는 것만큼 토끼의 목숨도 중요합니다. 용왕님의 병을 고치려고 토끼가 희생하는 것은 옳지 않습니다. 모두의 생명은 평등하기 때문입니다.

사회자 : 찬성 입장에서 자라가 토끼에게 먼저 거짓말을 했다는 점과 용왕

님이 병을 고치기 위해 토끼의 간을 빼앗으려고 한 점을 문제점으로 지적했는데요, 반대 입장에서 반박 의견을 제시해 보겠습니다.

반대 : 자라는 용왕님의 신하로서 용왕님의 병을 고치기 위해 최선을 다한 것입니다. 그리고 용왕님이 병으로 죽는다면 많은 백성이 힘들어질 수도 있습니다.

반대 : 자라의 말만 믿고 속아서 용궁까지 간 토끼에게도 잘못이 있습니다. 토끼는 자신의 욕심 때문에 용궁까지 간 것입니다.

〈중략〉

사회자 : 지금까지 여러분의 의견을 잘 들어보았습니다.

찬성 입장에서는 목숨을 잃게 된 토끼가 지혜롭게 위기를 벗어났다고 평가하면서 토끼의 생명을 중요하게 생각하지 않은 용왕님과 자라의 행동에 문제점이 있다는 것을 지적했습니다.

반대 입장에서는 욕심이 지나쳐 용궁까지 따라간 토끼에게도 잘못이 있고 토끼의 거짓말로 용왕과 자라가 피해를 보게 되었다는 의견이 많았습니다.

토끼의 거짓말을 바라보는 관점에 따라 서로 다르게 평가할 수 있었습니다. 토론 시작 전에 정한 입장이 바뀐 친구들이 있었나요? 토론을 통해 입장이 바뀐 친구들의 생각을 들어보도록 하겠습니다.

5장

독서토론논술 수업,
의미있는
결과물 만들기

주제를 중심으로 읽고 생각하는 독후활동

"'무엇'을 발견하여 구체적으로 쓰도록 알려주세요."

학년 초 독서토론논술 수업을 시작한 아이들의 독후 활동 결과물을 보면 재미있는 부분을 발견할 수 있다. 책을 읽고 느낀 점을 쓰는 글은 '재미있었다'나 '노력할 것이다'와 같은 평가로 적당히 끝을 맺거나 등장인물에게 편지 쓰기를 할 때는 '힘내!', '사랑해!'와 같은 문장으로 급하게 글을 마무리하는 것이다. 아이들에게는 쉽게 빈칸을 한 줄 더 채우고 적절하게 글을 마칠 수 있는 마법의 문장들이 있는 것이었다.

상투적이고 단순한 문장으로 글쓰기를 마칠 수밖에 없었던 아이들에게 어른들은 성의 없이 글을 썼다고 실망하는 경우가 많다. 그러나 혼자 글쓰기가 어려운 저학년 아이들에게 독후 활동으로 이루어지는 다양한 종류의 글쓰기 과제는 무슨 내용을 써야 할지 몰라서 쓰기를 시작하기조차 어려운 경우가 많다. 잘못 썼다고 말할 수는 없고 잘 썼다고 칭찬할 수는 없는 글, 부족하고 심심한 글을 매력 있는 글로 바꾸는 방법은 그 상투적 문장들 사이에 쓰지 않은 '무엇'을 발견하여 구체적으로 쓰도록 하는 것이다.

독후 활동으로 등장인물에게 편지 쓰기, 이야기의 내용 바꾸어 쓰기, 뒷이야기 상상하기, 시로 표현하기 등 다양한 형태의 글쓰기 과제가 제시된다. 독후 활동으로 이루어지는 글쓰기에서 책을 읽으면서 어떤 생각을 했는지 드러나도록 써야 한다는 점을 지도하지 않으면 의미 없는 독후 활동으로 그칠 수 있다. 학생들이 의미를 구체적으로 구성하고 읽기 자료와 상호작용하면서 얻은 생각과 느낌을 명료하게 표현하고 읽기를 통해 얻은 가치를 내면화 할 수 있도록 구체적인 방법을 제시할 필요가 있다.

쓰기를 힘들어하는 저학년 학생들에게 독후활동으로 글쓰기 과제를 제시하고 혼자 쓰도록 하거나 처음부터 어려운 주제를 제시한다면 글쓰기에 실패할 수밖에 없다. 저학년 수업 시간에는 써야 할 글의 내용을 구조화하여 제시하여 자기 생각을 구체적으로 정리할 수 있도록 안내한다. 쓰기 과제에 대한 자세한 설명에도 여전히 무엇을 써야 할지 몰라서 쓰기를 시작하지 못하는 학생들에게는 질문과 대화를 통해 생각의 과정들을 말로 표현해 보도록 도움을 줄 수 있다. 자연스럽게 말로 표현한 내용을 정리하여 문장으로 표현하도록 하는 방법으로 글쓰기의 부담을 덜어주는 것이다. 어른들도 초고를 쓴 뒤 여러 번 수정과 보완을 거치는 것처럼 처음부터 완벽한 글을 완성할 수 없다는 것을 알려주는 것도 중요하다.

등장인물에게 편지쓰기의 경우 글쓰기 내용 중에 '재미있었다'나 '본받아야겠다'라고 평가를 했다면 왜 그런 평가를 했는지 구체적으로 생각해 볼 수 있는 질문을 제시하는 것이 유용하다. 어떤 부분이 특히 기억에 남았는지, 등장인물의 어떤 점을 배우고 싶은지에 대해 질문을 하고 그에 대한 내용을 덧붙여 써 볼 수 있도록 한다. 이야기의 내용을 바꾸어 쓰거나 뒷이야기 상상하기와 같은 독후활동은 자유롭게 상상하여 재미있게 구성하도록 하는 것도 좋지만 읽기 자료의 주제를 중심으로 생각하고 문제를 해결하기 위한 방법이나 그 결과가 드러나게 쓰도록 안내한다면 더 좋은 결과물을 기대할 수 있다.

독후 활동 글쓰기에서 제시할 수 있는 질문   **TIP**

• 등장인물이 잘한 점과 잘못한 점은 무엇인가요?
• 등장인물에게 배우고 싶은 점은 무엇인가요?
• 나라면 어떻게 문제를 해결했을까요?
• 문제를 해결할 수 있는 더 좋은 방법은 없을까요?
• 문제를 해결했다면 이야기의 결과가 어떻게 달라졌을까요?

『구렁덩덩 새선비』에서 셋째 딸이 구렁덩덩 새선비와 다시 만나 행복해
진 이유는 무엇인가요? 셋째 딸에게 배울 점은 무엇인지 친구들과 이야
기해 보고 셋째 딸에게 보내는 편지를 써 봅시다.

셋째 딸은 구렁이 선비를 겉모습으로만 판단하지 않고 구렁이 선비의
마음을 중요하게 생각했어요. 그리고 먼 길을 걸어가서 구렁이 선비를
다시 만났어요. 셋째 딸은 착하고 용기 있는 사람이에요. 저는 셋째 딸
의 마음을 본받고 싶어요. 구렁이 선비를 다시 만난 셋째 딸이 행복했
으면 좋겠어요!

안녕하세요, 셋째 딸이 구렁이 선비를 찾아가려고 힘들어도 포기하지
않는 모습이 대단해요. 저는 어려운 일을 하기 싫을 때가 많았는데 포기
하지 않고 열심히 해야겠다고 생각했어요. 그리고 다른 사람들 아끼는
마음을 가질게요. 앞으로 저는 슬프고 화가 나는 일이 있더라도 셋째 딸
처럼 잘 참고 이겨내는 사람이 되고 싶어요.

논술의 기초!
기본 형식을 익히자

　고학년이 되면서 시작하는 논술, 서술형 평가는 학생들에게 큰 부담을 준다. 읽기 자료의 내용에 대한 이해와 요약 능력, 어휘력과 문장 구성 능력에 따라 답안 내용의 수준에 큰 차이를 보인다. 많은 학생들이 문제해결 능력과 논리력, 짜임새 있는 글쓰기 능력까지 요구하는 평가에 어려움을 느끼지만 짧은 시간에 여러 가지 문제를 해결하기는 쉽지 않다. 저학년 시기에 사고력을 키우고 말이나 글을 통해 자기 생각을 효과적으로 전달하는 연습을 시작하는 것은 분명히 도움이 된다.

　독서토론논술 수업에서는 독서토론 활동을 정리한 후 최종적으로 자기 생각을 논리적으로 정리하는 글쓰기를 한다. 책을 읽고 이해한 내용을 바탕으로 독서토론 활동을 한 뒤 같은 주제로 논술을 하면 좋은 점이 많다. 독서토론이라는 협력적 대화 과정을 통해 자유롭게 의견을 나누면서 글쓰기에 필요한 아이디어를 구체화하고 풍부하게 생산한 뒤 필요한 내용을 스스로 선택하여 글쓰기에 활용할 수 있게 하는 것이다. 글쓰기 과제를 마주할 때마다 '무엇을 써야 할지 모르겠다'는 학생들이 내용 생성 단계에서 흔히 겪는 부담감을 덜고, 지속적인 연습을 통해 글쓰기 과정에서 아이디어를 생산하고 확장하는 방법을 자연스럽게 배워나갈 수 있다.

논술은 비판적으로 생각하고 논리적으로 문제를 해결 방법을 생각하는 글쓰기로 저학년 학생들이 자주 하는 독후활동이나 형식의 제약 없이 자유롭게 쓰는 자기표현의 글과는 형식과 내용 면에서 많은 차이가 있다. 읽기 자료의 내용과 주제를 잘 이해하고 논제에 대한 자신의 입장을 뒷받침할 수 있는 타당한 근거를 들어 내용을 완성할 수 있어야 한다. 기초적인 쓰기 능력뿐만 아니라 기본적인 쓰기 형식을 이해하고 주제와 관련된 내용을 구조화하여 표현하는 능력을 갖추어야 하므로 처음부터 잘 쓸 수 없는 것이 당연하다.

저학년 학생들이 서론 - 본론 - 결론으로 자신의 생각을 전개해 나가는 논술문의 전형적인 형식을 이해하고 하나의 글을 스스로 완성하는 것은 어려운 점이 크다. 실제 수업에서는 모범적인 글의 구조와 형식을 명시적으로 제시하고, 제시된 형식을 지키면서 쓰기에 익숙해지도록 지속적으로 연습할 수 있는 활동 내용을 구성했다. 자신의 입장을 밝히고 근거를 제시하는 글의 기본 구조를 제시해주고 중심문장과 뒷받침 문장의 관계에 대해 이해하고, 뼈대에 살을 붙이는 것처럼 글을 완성하도록 하면서 부담을 덜어줄 수 있다. 처음부터 하나의 글을 완성하기 어렵다면 글 일부분을 제시하고 빈칸을 완성하도록 하는 방법도 쓰기 형식을 이해하는 데 도움이 된다.

자신의 입장을 뒷받침하는 구체적 근거를 제시하는 것은 읽기 자료를 읽은 뒤 등장인물의 말이나 행동에서 찾아볼 수 있도록 했다. 토론 활동 과정에서 자신의 입장을 뒷받침 할 수 있는 근거를 제시하고 친구들과 의견을 교환한 내용을 바탕으로 자기 생각을 표현하는 글을 완성할 수 있도록 연습을 하는 것이다.

결론 부분에서는 자신의 입장을 단순히 요약하거나 반복하여 정리하는 것에서 그치지 않고 배울 점이나 노력할 점, 앞으로 필요한 태도에 대해 더 생각해서 써 볼 수 있도록 지도한다. 또한 읽기 자료의 내용에 나타나 있는 여러 가지 문제 상황에 대한 좋은 해결방법을 제시하고 긍정적인 결과를 전망하여 글을 마무리하면 글의 완성도를 높일 수 있다.

이런 형식의 글쓰기는 간단한 것 같지만 실제 논술문에서 본론과 결론의 일부분을 쓰는 것과 같다. 저학년 수준에서 기본적인 글의 구조를 충분히 이해한 뒤 고학년 글쓰기에서 서론을 쓰고, 본론을 더 세부적으로 전개해 나갈 수 있도록 지도하면 완결된 논술문의 형식을 잘 이해할 수 있다.

입 장	
이유1	
이유2	
정리	

✎ 학생들의 수행 결과

『토끼와 자라』에서 용궁에 간 토끼는 용왕님에게 자신의 간을 육지에 두고 왔다고 했습니다. 토끼의 거짓말은 정당한가요? 친구들과 토론해보고 자신의 생각을 글로 적어봅시다.

입 장	토끼의 거짓말은 옳다.
이유1	토끼가 간을 육지에 두고 왔다고 거짓말을 하지 않았다면 토끼는 죽었을 것이다. 자라의 거짓말에 속아서 용궁에 간 토끼는 생명을 지키기 위해 거짓말을 한 것이다.
이유2	모두의 생명은 평등하기 때문에 용왕님의 병을 고치는 것만큼 토끼의 목숨도 중요하다. 자신의 병을 고치려고 토끼의 목숨을 빼앗으려고 한 용왕님이 나쁘다.
정리	토끼는 다른 사람에게 피해를 주는 거짓말을 한 것이 아니라 위험한 상황에서 살아남기 위해 어쩔 수 없이 거짓말을 했다. 용왕님은 병을 고칠 수 있는 다른 방법을 찾아보아야 한다.

쓰기 능력은 저절로 얻어지는 것 아니기 때문에 저학년 글쓰기에서도 글의 일반적인 형식에 대해 충분히 이해하고 연습하는 과정이 필요하다. 쓰기에 대한 지식이나 전략을 학습하는 것이 어려울 것 같지만 저학년 학생들에게도 적절한 과제를 제시하고 쓰기 과정에서 도움을 주면 쓰기 과제를 스스로 완성하고, 하나의 글을 완성하는 경험을 할 수 있다.

개인차가 있지만 어느 정도 시간이 지나면 대부분의 아이들은 몇 줄을 써야 하는지, 무엇을 써야 하는지 묻지 않는다. 지속적 연습을 통해 무엇을 써야 하는지 알게 되고 쓰기 활동에 필요한 전략을 습득하면서 스스로 쓸 수 있게 된다.

발표하기,
효과적인 말하기 연습

    취업이나 면접, 실무에서 프레젠테이션 비중이 커지면서 여러 사람 앞에서 정보를 효과적으로 전달하고 자기 생각이나 느낌을 논리적으로 정리하여 정확하게 표현하는 발표 능력이 중시된다. 초등학교 시기의 발표 능력이 중고등학교 이후까지 영향을 미칠 수밖에 없고 발표 능력을 향상시키는 수업에도 관심이 높아졌다. 독서토론논술 수업에서 발표를 자주 경험하는 것은 발표에 필요한 행동 전략이나 상황대처 능력을 자연스럽게 습득하는 데 도움이 된다.

    요즘의 어린이들은 말하기를 잘하고 생각보다 많은 어린이가 발표를 부끄러워하지 않는다. 그러나 '발표 잘하기'는 여전히 어렵고, 발표의 내용과 습관이나 태도를 점검해보면 부족한 부분이 많다. 일상생활에서

대인 관계나 대화에 어려움을 겪지 않더라도 발표와 같은 대중이 있는 공적 말하기 상황에서 불안이나 긴장을 느끼는 것은 자연스러운 일이지만 내성적 성격 때문에 발표에 부담감을 느끼는 학생들에게 발표는 두렵기만 하다. 발표 중간 작은 실수에 친구들이 웃기라도 한다면 정서적으로 위축되고 자신감을 잃는 경우가 많다.

독서토론논술 수업에서 독서 활동을 표현 활동으로 확장해 가는 것은 통합 활동으로서의 의미도 있다. 독서토론 활동을 마친 후 자기 생각을 최종적으로 정리하여 완성한 글을 친구들 앞에서 소리 내어 읽어보게 하는 것은 한 명의 작가가 되어 자신의 글을 공유하는 것이다. 또한 공식적인 말하기를 경험해보는 기회는 여러 친구들 앞에서 자연스럽게 말하고 자신감을 갖는데 도움이 된다. 이전 활동에서 완성한 글은 분량은 짧지만 내용과 형식면에서 잘 완성된 원고가 되어 발표의 내용을 충분히 준비하는 것과 같은 역할을 하고 성공적인 발표를 할 수 있도록 도와준다.

학생들은 자신이 쓴 글을 읽어보고 자신이 쓴 글의 내용과 말하기를 스스로 점검하고 부족한 부분을 보완하여 다시 완성하기도 한다. 말하기 상황에 익숙해지면서 친구들의 반응을 점검하기도 하고 목소리의 크기나 말의 빠르기 등 다양한 요소를 고려하여 효과적으로 말하는 방법을 자연스럽게 배울 수 있다.

발표 능력을 키우기 위해 발표를 많이 하도록 강요하거나 전략이나 기술을 가르치는 방식으로는 역효과가 생길 수 있다. 저학년 수업에서는 다른 사람들 앞에서 말하는 기회를 자주 경험하여 공적 말하기 상황의 문턱을 낮추고 익숙해지도록 하는 데 중점을 두었다. 준비된 글을 앞에 나가 발표하는 경험을 통해 긍정적인 말하기 경험을 통해 자신감을 얻을 수 있도록 하는 것이다. 말하기를 잘하는 기술이나 전략에는 여러 가지가 있지만 저학년 학생들에게는 먼저 바른 자세를 유지하고 목소리를 크게 말하기와 같은 기본적인 발표 태도를 갖추도록 시작하는 것이 큰 도움이 된다.

저학년 수업의 말하기에서는 누가 무엇을 얼마나 잘하는지 측정하는 평가보다는 성공 경험을 제시하는 것에 중점을 두었다. 특히 내향적인 성격 때문에 말하기에 두려움을 가지고 있는 학생이나 발표력 부족으로 자신감 없는 학생들의 발표에 대해 끝까지 잘 듣는 것을 중요하게 생각했다. 최대한 잘 듣고 있다는 반응을 보여주면서 하나의 발표를 마칠 수 있도록 격려하는 태도가 필요하다. 개선할 점이 있더라도 긍정적인 피드백을 먼저 제시해서 발표에 실패했다는 생각이 들지 않도록 했다.

발표 상황에서 말하는 것만큼 잘 듣는 것도 중요하다. 저학년 수업에서 발표하는 친구에게 집중하는 동안 발표를 듣는 학생들의 태도에 대해서 소홀해지기 쉽다. 다른 친구의 발표에 주의를 집중하고, 우호적인 태도를 가지고 듣기를 할 수 있도록 지속적인 지도가 필요하다. 실제 수업에서는 수업 시작 전 듣기 태도에 대한 기본 규칙을 정하고 수업 진행 과정에서 지속해서 실천할 수 있도록 했다.

독서토론논술 수업에서 말하기와 듣기를 경험하는 기회를 다양하게 제시하면 학생들은 화자와 청자의 역할을 바꾸어 수행하면서 동료 학습자인 친구들을 통해서도 효과적으로 말하기 위한 기능과 전략을 학습하게 된다. 친구들의 발표를 들으면서 같은 주제에 대해 서로 다른 생각과 관점이 다르다는 것을 알고 적절한 반응을 보이기도 하고, 다른 친구들의 말을 배려하며 듣는 태도가 중요하다는 것을 자연스럽게 배워나갈 수 있다.

포트폴리오 만들기, 어린이의 글을 버리지 마세요

글쓰기 결과물에 대한 부모님들의 관심은 저학년 학생들의 글쓰기 태도에 매우 큰 영향을 준다. 어른들이 관심을 가지고 결과물에 긍정적인 반응을 보이는 것만으로도 어린이들은 글쓰기가 가치 있는 일이라고 생각하게 되고 자연스럽게 글쓰기의 동기나 흥미를 높일 수 있다. 매끄럽게 완성되지 않은 글이라 하더라도 어린이들이 실제 쓰기 활동 과정에 들이는 시간과 노력을 인정해 주는 노력이 어른들에게도 필요하다.

실제 수업에서는 일정 기간 수업에 참여한 학생들의 결과물을 지속해서 수집하는 포트폴리오 만들기를 진행한다. 포트폴리오는 읽기 자료의 목록과 쓰기 결과물의 변화 과정을 구체적으로 확인하는 데 활용한다. 수집한 쓰기 결과물을 통해 기본적인 국어 능력부터 내용을 생성하고 조직하여 전체 글을 어떻게 완성하는지 글씨기의 전 과정을 한눈에 살펴볼 수 있고 어떤 점을 보완해야 하는지 다면적으로 점검할 수 있다. 개별 학생들의 읽기 상황이나 쓰기 수행 능력에 대한 중요한 정보를 수시로 얻고 지도하는 선생님과 부모님이 의사소통을 원활하게 할 수 있다는 장점도 있다.

글쓰기 활동의 결과물을 지속해서 수집하는 것만으로도 일정 시간이 지나면 한 권의 책이 완성되어 개인 출판물을 만드는 것과 같은 효과를 얻을 수 있고 그 자체로 훌륭한 작품이 되기도 한다. 시간이 지날수록 달라지는 자신의 글쓰기 결과물의 변화 과정을 한눈에 보면서 글쓰기에 대한 보람과 자신감을 얻기도 하고 다음 차시의 글쓰기 활동에 적극적으로 참여하는 동기를 부여하여 수행과정과 결과에도 큰 영향을 미친다. 학년말 전시회 등을 통해 아이들 스스로 노력한 결과에 대해 외적 보상을 받는 과정에서 성취감을 느끼는 긍정적 경험을 얻을 수도 있다.

포트폴리오 만들기를 성공하려면 지도하는 입장에서도 학기 초 시작되는 수업에서 계획을 세우고 지속적인 노력을 해야 한다. 포트폴리오 안에 들어가는 자료가 가치를 얻을 수 있도록 형식과 내용에 일관성을 가지고 활동 자료를 만들고, 무엇보다 아이들이 주도적으로 활동에 참여하고 지속할 수 있도록 관심을 기울여야 한다.

포트폴리오 만들기를 수년간 해 오면서 중요하게 생각했던 부분은 쓰기 활동 중에 글씨를 예쁘게 쓰도록 지도하는 것이었다. 잘못 쓴 글자는 연필로 줄을 긋거나 까만 공을 만들어 지우지 않고 지우개로 지우고 깨끗하게 쓰도록 했다. 습관이 되기까지 서로 좀 힘든 부분이 있을 수 있지만 짧은 글을 쓰더라도 글씨를 바르게 쓰고 정성 들여 쓰기 결과물을 완성할 수 있도록 지도하는 노력도 필요하다. 글씨를 대충 쓰고 성의 없이 완성한 결과물이 쌓이다 보면 결과적으로 포트폴리오를 지속해서 만들고 싶은 동기가 생기지 않기 때문이다. 쓰기 태도와 관련해서 지도하는 것은 쓰기 능력을 좋아지게 하는데 분명한 효과가 있고 더 좋은 쓰기 결과물을 얻는 바탕이 된다.

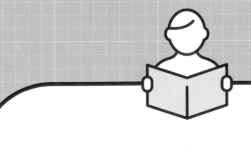

6장

독서토론논술 수업
마무리하기

어린이의 글을
마음대로 지우지 마세요!

    토론 활동이 끝나고 이어지는 쓰기 결과물을 통해 읽기 자료의 내용과 논제에 대해 얼마나 잘 이해하고 있는지 평가할 수 있다. 고쳐 쓰기에 대해서는 학생들을 지도하는 입장에서 많은 시행착오를 겪었다. 제한된 시간 안에 여러 학생을 지도하다 보니 고쳐 쓰기 과정에서 현실적인 문제가 따르기 때문이다. 많은 학생들을 대상으로 하는 수업에서는 시간에 쫓겨 학생 한명 한명의 말과 글을 충분히 기다려줄 수 있는 시간이 없다는 점이 아쉽지만 저학년 수업에서는 비교적 짧은 글을 쓰고, 글을 완성하는 시간에 차이가 있어서 실제 수업에서도 검토가 가능하다.

    글쓰기 활동을 마친 후 제시하는 첨삭은 학생들이 쓴 글을 좋은 방향으로 수정할 수 있도록 안내하기 위한 것이다. 글의 내용, 논리적 구성, 표현 방법을 구체적으로 살펴보고 처음에 쓴 글에서 내용을 덧붙이거나 지우고, 적절하게 바꾸어 쓰도록 하면 글의 완성도를 높일 수 있다.

그러나 고쳐쓰기 과정에서 어른들은 종종 어른들의 기준에서 어린이들이 스스로 완성한 결과물을 쉽게 판단하는 실수를 한다. 저학년 학생들이 쓴 미숙한 글을 마주하더라도 결과물 자체를 존중하는 태도가 어른들에게도 필요하다.

시간이 부족하다거나 해결해야 할 문제가 명확하다고 해서 절대 어린이들의 글을 허락 없이 마음대로 지우면 안 된다. 어른들이 표현한 실망감은 어린 학생들에게 그대로 전달되어 의도하지 않았지만 깊은 상처를 주는 경우가 많다. 그래서 자신이 노력한 결과물에 대해 실패감을 느끼고 자기 생각을 글로 표현하는 것을 부끄러워하도록 만들 수 있다. 스스로 자신이 쓴 글을 읽어보고, 다시 한번 생각해보고 고쳐 써 볼 기회를 주어야 한다. 어린이 스스로 수업 과정에서 스스로 생각하고 표현한 자신의 결과물을 소중하게 생각하고 자신의 글에 책임감을 갖도록 하는 것이다.

실제 수업에서는 학생들에게 선생님과 함께 협동해서 고쳐 쓸 것을 제안한다. 개별 학생들의 수준을 고려하여 고쳐쓰기의 과정에서 쓰기 과제를 해결해 나가도록 돕는 적극적인 지원자의 역할을 수행하는 것이다. 스스로 완성한 글을 읽어보고 부족한 점을 안내해주면서 글의 내용을 지우거나 고쳐 쓰는 것은 최대한 스스로 판단할 수 있도록 했다. 단순히 고쳐 쓰기 귀찮아서가 아니라 고쳐 쓰고 싶지 않은 의도가 분명한 글에 대해서는 고쳐 쓰기를 강요하지 않았다.

고쳐쓰기 단계에서 생각한 것을 문장으로 표현하는 데 어려움을 느끼거나 글의 내용을 더 구체적으로 더해 쓰거나 수정하는 것에 어려움을 느낀다면 먼저 말로 표현해보도록 하는 방법이 유용하다. 대화를 통해서 자신이 생각하는 것을 명료하게 정리해 볼 수 있도록 도움을 주는 것이다. 자신이 쓴 글을 소리 내어 읽어보면서 스스로 점검하고 문맥에 어울리지 않는 부분을 찾아보기도 한다.

저학년 수업에서도 맞춤법이나 띄어쓰기, 문장 구성에 대한 오류는 명시적으로 알려주는 것이 좋다. 그러나 글에서 잘못된 점이나 문법 규칙에 어긋난 오류를 찾기보다는 완성보다는 글 전체에 나타나 있는 의미에 더 관심을 가지고 평가하는 것이 바람직하다. 고쳐쓰기에서 세부적인 표현 방법에 지나치게 집중하여 창의적이고 재미있는 표현이 가려지지 않도록 유의해야 한다. 무엇보다 한 편의 글을 완성하기까지의 노력의 과정과 스스로 쓰고 완성한 결과물에 대한 긍정적 반응이 우선이다.

저학년 수업에서는 '자신의 생각을 스스로 표현했다는 것만으로도 훌륭한 것'이라는 생각을 바탕으로 긍정적이면서도 구체적인 피드백을 제시하려고 특히 노력한다. "정말 멋지구나, 대단하구나, 어떻게 이런 생각을 했어? 선생님이 깜짝 놀랐잖아." 하면서 한껏 감동한 표정으로 칭찬을 건네면 어린이들은 "이 정도쯤이야."하는 표정으로 작은 어깨를 으쓱해 주기도 한다. 자신의 글을 진심으로 읽어주고 지지해 준다는 믿음이 생기면 글쓰기 과정에서 겪는 어려운 문제에 대해 적극적으로 도움을 요청하고 여러 가지 문제들을 해결하는 데 적극 동참한다. 그리고 다음 글쓰기에 최선의 노력을 하게 된다.

글쓰기가 어렵고 익숙하지 않은 아이들에게 시간과 노력을 들인 만큼 더 잘할 수 있다는 확신을 주는 것은 쓰기 동기 신장에 큰 영향을 준다. 수업을 통해 쓰기 기능이나 전략을 배우는 것만큼 쓰기 과제를 완성하는 데 들인 몰입과 노력을 인정받는 것도 중요하다. 서너 개의 문장을 쓴 짧은 글 속에서도 저마다의 생각이 다르고 개성이 다르게 나타난다. 지도하는 선생님의 입장에서는 어린이들이 표현한 말과 글 속에 숨어있는 재미있는 생각을 보석처럼 발견하는 즐거움이 있다. 어린이도 한 명의 작가로서 존중받을 자격이 있다.

"수업이 끝난 후 달콤한 사탕이 꼭 필요한가요?"

어린이들은 '매우 어렵고 힘든 글쓰기'가 끝나면 쉽게 사탕을 달라고 조르곤 했다. 달콤한 사탕은 학습 동기나 의욕을 끌어내는데 분명한 효과가 있고, 수업 효과나 수행 결과물을 얻는데 매력적인 외적 보상 도구이다. 그러나 글쓰기 결과물을 완성하여 달콤한 사탕과 교환하도록 하는 것은 결국 글쓰기가 지루하고 힘든 일이라고 전제하는 것이었다. 외적 보상에 익숙한 학생들에게 과제 수행을 마치면 간식을 주는 수업에 대해서 늘 고민했었고, '사탕을 받는 것'이 독서토론논술 수업의 최종 목표가 되어서는 안 된다는 원칙을 분명히 세웠다.

달콤한 사탕보다 학습 결과물에 대한 긍정적 피드백을 더 좋아하고 기다리도록 하겠다고 마음을 먹었지만 쉽지 않은 일이다. 선생님의 성의 없는 칭찬을 눈치 빠른 어린이들은 쉽게 알아차린다. 수업에 참여한 학생들의 흥미와 수준이 다르기 때문에 똑같은 사탕 하나, 단순히 잘했다는 말 한마디처럼 똑같은 보상은 쓰기 동기를 높이는 데 한계가 있다. 무조건 좋은 결과물을 생산하기 위한 형식적 격려로 그치지 않고 저마다 다른 학습 결과물에 대해 구체적이고 정확한 안내를 제시하는 것이 효과적이다. 누구의 말하기와 글쓰기가 상대적으로 가장 우수했는지 순위를 매기거나 더 좋은 결과물을 생산하기 위해 단점만을 지적하는 평가는 바람직하지 않다.

정답은 없지만 분명한 건 칭찬을 싫어하는 어린이는 없고 칭찬의 양보다 질이 중요하다는 것이다. 수업의 시작부터 정리 단계까지 학생들의 수행 과정을 주의를 기울여 관찰하고 칭찬할 내용을 기억했다가 꼭 말해준다. 독서토론 활동 중에 친구들의 이야기를 잘 듣기 위해 노력했는지, 자신의 입장을 뒷받침할 수 있는 구체적인 근거를 들어 이야기할 수 있었는지 살펴본다. 글쓰기 결과물을 스스로 완성하는 과정에서 내용에 얼마나 충실하려고 노력했는지도 중요하지만 글씨를 예쁘게 쓰려고 노력하는 것도 쓰기 태도 면에서 중요한 부분이다. 지도하는 선생님이 진심으로 어린이들의 말을 듣고, 글을 읽는 태도를 보여주는 것은 학생들의 학습 동기와 태도에 긍정적 영향을 준다.

달콤한 사탕은 어린이들을 웃게 하는 매력적인 도구이다. 그리고 이

벤트를 좋아하는 어린이들에게 때로는 '사탕'이 필요하다. 글쓰기를 어려워하고 내성적이고 소극적 성격 때문에 친구들 앞에서 말하기를 힘들어하던 친구가 짧은 글을 스스로 완성하고 처음 발표를 하던 날 사탕 봉지를 뜯었다. 그날의 사탕은 그 친구가 친구들에게 '쏘는 것'이 되었다. 다음 시간부터 수업에 적극적으로 참여하거나 발표를 희망하는 어린이들의 숫자는 더 많아졌고, 조심스럽게 말하기에 참여해보는 친구들은 부끄러움을 조금 더 극복했다. 읽고 쓰고 말하는 모든 과정이 재미있으면 더 좋다.

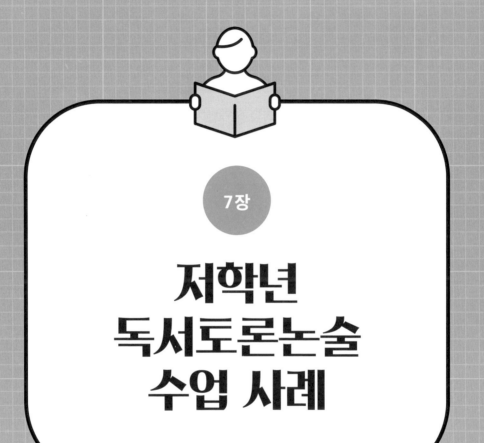

7장

저학년
독서토론논술
수업 사례

1. 망주석 재판

법은 왜 필요한가요?

 아주 먼 옛날 한 비단 장수가 망주석 아래에서 잠시 쉬어 가기로 했습니다. 피곤한 비단 장수는 비단을 내려놓고 꾸벅꾸벅 졸기 시작했습니다. 한참을 자고 일어나 정신이 들어보니 망주석 옆에 놓여있어야 할 비단이 감쪽같이 없어진 것이었습니다.

헐레벌떡 산을 내려간 비단장수는 원님에게 달려와 억울한 사정을 이야기했습니다. 비단 장수의 사정을 들은 원님은 포졸들에게 명령을 내렸습니다.

"여봐라, 당장 그 망주석을 끌고 오너라! 비단 도둑을 본 망주석의 볼기를 쳐서라도 누가 도둑인지 알아내야겠구나!"

마을에는 원님이 망주석을 재판한다는 소문이 퍼졌고, 마을 사람들이 구름처럼 몰려들어 관아는 구경 온 사람들로 북적거렸습니다. 원님은 엄숙한 표정으로 말했습니다.

"여봐라 비단 도둑이 누군지 말할 때까지 매우 쳐라!"

포졸들은 어쩔 수 없이 망주석을 때리기 시작했고, 곧 곤장이 부러져 버렸습니다. 이 모습을 본 사람들은 웃음을 터뜨렸습니다. 그러자 화가 난 원님은 호통을 쳤습니다.

"여봐라 재판 중에 무례하게 웃은 사람들을 모두 옥에 가두어라!"

"원님, 잘못했습니다. 한번만 용서해 주십시오."

"사흘 안에 비단 한필씩을 바치거라! 그렇지 않으면 다시 큰 벌을 내릴 것이다."

마을 사람들은 한 명도 빠짐없이 원님에게 비단 한 필씩을 바쳤습니다. 마을 사람들이 가져온 비단을 보고 비단 장수가 소리쳤습니다.

"이것들은 모두 제 비단입니다."

원님은 비단을 가져온 마을 사람들에게 비단을 누구에게 샀는지 물었습니다. 그러자 모두가 고개 너머 마을에 비단 장수가 왔다기에 그곳에 가서 산 것이라고 대답했습니다. 원님은 포졸들에게 비단 장수를 잡아오라고 했고, 곧 비단 도둑이 잡혀왔습니다.

"하하하. 모두들 이제야 알겠느냐, 내가 왜 망주석 재판을 했는지?"

마을 사람들은 원님의 지혜를 칭찬했습니다.

1. 비단 장수가 원님을 찾아간 이유는 무엇인가요?

2. 비단 장수의 사정을 들은 원님은 무엇을 끌고 오라고 했나요?

3. 마을 사람들이 원님에게 비단 한 필씩을 바친 이유는 무엇인가요?

_____

활동 1

『망주석 재판』을 읽고 이야기의 내용에 알맞은 속담과 그 의미를 알아봅시다.

속담	거짓말이 삼촌보다 낫다
의미	거짓말이 경우에 따라서는 큰 도움이 될 수 있다는 말

활동 2

비단을 도둑맞은 비단 장수는 원님을 찾아갔습니다. 내가 만약 원님이라면 어떤 방법으로 비단을 찾아줄 수 있을까요? 좋은 방법을 생각해 보고 친구들과 이야기해 봅시다.

_____

_____

_____

_____

- 마을에 있는 CCTV를 확인한다.
- 마을 사람 중에서 목격자를 찾는다.
- 마을에 있는 비단 가게에 있는 비단들을 조사해서 잃어버린 비단을 찾는다.
- 비단장수가 잠들어 있던 현장에서 지문이나 발자국을 찾고 범인이 두고 간 물건을 조사한다.
- 마을에 있는 비단 장수들에게 비단을 모두 가져와서 모이게 하여 잃어버린 비단을 찾는다.

활동 3

원님이 망주석 재판을 하면서 마을 사람들을 감옥에 가두고, 비단을 바치라고 한 것은 정당한 행동인가요? 친구들과 토론해보고 자기 생각을 글로 정리해 봅시다.

"여봐라 비단 도둑이 누군지 말할 때까지 매우 쳐라!"
포졸들은 어떨 수 없이 망주석을 때리기 시작했고, 곧 곤장이 부러져 버렸습니다. 이 모습을 본 사람들은 웃음을 터뜨렸습니다. 그러자 화가 난 원님은 소리쳤습니다.
"여봐라 재판 중에 웃은 사람들을 모두 옥에 가두어라!"
"원님, 잘못했습니다. 한번만 용서해 주십시오."
"사흘 안에 비단 한필씩을 바치거라! 그렇지 않으면 큰 벌을 내릴 것이다."

| 원님이 망주석 재판을 하면서 사람들을 속인 행동은 옳다. | ☐ |
| 원님이 망주석 재판을 하면서 사람들을 속인 행동은 옳지 않다. | ☐ |

찬성	1. 원님은 망주석 재판을 해서 비단 도둑을 잡고 비단 장수의 억울함을 해결해 주었다.
	2. 원님의 지혜로운 판결로 도둑을 잡고 평화로운 마을을 만들 수 있었다.
	3. 원님이 마을 사람들을 속인 것은 자신의 이익을 위한 것이 아니라 사람들을 위한 행동이고 마을 사람들에게 좋은 결과를 가져다주었다.
	4. 비단도둑을 잡지 못했다면 또 다른 도둑이 생길 수 있고 도둑이 많아지면 마을에 갈등이 생겨서 사람들이 평화롭게 살지 못하게 된다.
	5. 마을 사람들을 일부러 속이지 않았다면 비단 도둑을 잡지 못했을 것이다.
반대	1. 원님은 일부러 거짓말을 해서 마을 사람들을 속이고 잘못 없는 마을 사람들을 감옥에 가두었다.
	2. 마을 사람들을 감옥에 가두고 비단을 구해오라고 해서 많은 사람을 힘들게 했다.
	3. 원님이 자신의 힘을 이용해서 마을 사람들에게 마음대로 하면 안 된다.

4. 비단도둑을 잡지 못했다면 또 다른 도둑이 생길 수 있고 도둑이 많아지면 마을에 갈등이 생겨서 사람들이 평화롭게 살지 못하게 된다.	
5. 마을 사람들을 일부러 속이지 않았다면 비단 도둑을 잡지 못했을 것이다.	

학생들의 수행 결과

원님이 망주석 재판을 하면서 사람들을 속인 행동은 옳다. 왜냐하면 원님이 마을 사람들을 속인 것은 나쁘기도 하지만 결국 사람들을 돕기 위한 행동이었기 때문이다. 그리고, 원님의 지혜 때문이다.	원님이 망주석 재판을 하면서 사람들을 속인 행동은 옳다. 왜냐하면 원님이 마을 사람들을 속인 것은 나쁘기도 하지만 결국 사람들을 돕기 위한 행동이었기 때문이다. 원님의 망주석 재판 덕분에 잃어버린 비단을 찾고 비단 도둑도 잡았기 때문이다. 그리고 평화로운 마을을 만들기 위해 사람들을 도운 것은 원님의 지혜 덕분이다.
원님이 망주석 재판 하면서 사람들을 속인 행동도 옳지 않다. 원님은 사람들을 속이려고 일부러 망주석 재판을 했다. 그래서 사람들을 감옥에 가두었고, 풀려 나려면 비단 한 필씩을 가지고 오라고 했다. 그래서 마을 사람들은 무서웠을 것이다.	원님이 망주석 재판을 하면서 사람들을 속인 행동은 옳지 않다. 원님은 사람들을 속이고 일부러 망주석 재판을 했다. 그래서 사람들을 감옥에 가두었다. 그리고 감옥에서 풀려나려면 비단 한 필씩을 가지고 오라고 했다. 그래서 마을 사람들은 무서웠을 것이다.
원님이 망주석 재판을 하면서 사람들을 속인 행동은 옳다.	원님이 망주석 재판을 하면서 사람들을 속인 행동은 옳다. 왜냐하면 비단 도둑을 잡지 않으면 마을 사람들이 서로 의심을 할 수 있고 사람들의 억울함이 점점 더 커지기 때문이다. 그래서 원님은 망주석 재판을 해서 사람들이 서로 싸우지 않고 사이좋게 지낼 수 있도록 해 주었다.

활동 4

　원님은 망주석 재판을 통해 비단 장수의 잃어버린 비단을 찾아주었습니다. <망주석 재판>을 읽고 우리 생활에서 법이 필요한 이유가 무엇인지 생각해 봅시다.

학생들의 수행 결과

- 『망주석 재판』의 비단 장수처럼 억울한 사람들의 문제를 해결해 줄 수 있다.
- 법은 사람들 사이의 약속이고 법이 있을 때 사람들이 질서를 잘 지켜서 평화로운 사회를 만들 수 있다.
- 법이 있어서 사람들은 안전하게 살 수 있고 질서를 지키고 서로 싸우지 않는다.
- 사람들 사이에 다툼이 생겼을 때 문제를 해결하고 화해할 수 있게 해 준다.
- 도둑질이나 폭력처럼 나쁜 행동을 한 사람들에게 벌을 줄 수 있다.
- 많은 사람들이 교통 규칙을 지키기 위해 노력하기 때문에 교통사고가 줄어드는 것이다.

- 『샌지와 빵집 주인』로빈 자네스 글, 코키 폴 그림, 김중철 옮김, 비룡
  소, 2000
- 『나라를 다스린 법, 백성을 위한 제도』우리누리 글, 이상미 그림, 주
  니어중앙, 2010
- 『하루에 한 편 탈무드 이야기』〈15. 범인을 잡은 솔로몬왕의 이야기〉
  이수지 엮음, 전정환 그림, 엠앤키즈, 2019

2. 멸치의 꿈

꿈이 미래에 일어날 일을 알려줄 수 있을까요?

아주 먼 옛날 남쪽 바다에서 700년을 넘게 산 멸치가 잠을 자다가 이상한 꿈을 꾸었습니다. 자신이 구름을 타고 바다에서 하늘로 오르락내리락 하고 흰 눈이 펑펑 내리더니 추웠다 더웠다 하는 꿈이었습니다.

멸치는 가자미에게 서쪽 바다에 살고 있는 1000년을 넘게 산 망둥어 할머니를 모셔오라고 했습니다. 가자미는 서쪽 바다 달려가 꿈 풀이로 유명한 망둥어 할머니를 남쪽 바다로 모시고 왔습니다. 멸치는 망둥어 할머니를 보고 벌떡 일어나서 버선발로 달려가 반기며 맛있는 음식을 대접했습니다. 그런데 고생한 가자미에게 수고했다는 말 한 마디도 하지 않았습니다. 가자미는 화가 났지만 참았습니다.

멸치는 망둥어 할머니에게 꿈 이야기를 했습니다. 그러자 망둥어가 큰 절을 하며 말했습니다.

"용이 되어 바다와 하늘을 오르내리실 꿈입니다. 흰 눈이 오고 추웠다더웠다 하는 것은 춥고 더운 날씨를 다스리는 것을 뜻하지요."

망둥어의 꿈풀이에 신이 난 멸치는 다른 물고기들에게 말했습니다.

"이제부터 용이 될 나를 왕으로 모시거라!"

그 때 심통이 난 가자미가 앞으로 나서면서 꿈풀이를 시작했습니다.

" 하늘과 바다를 오르락내리락하는 건 낚시줄에 걸려 하늘로 솟았다가 낚시 통에 들어가는 것입니다. 흰 눈이 오는 것은 소금을 뿌리는 것이고, 추웠다더웠다 하는 것은 불판에 굽느라 잘 익으라고 뒤집어서 그런 것이지요."

화가 난 멸치는 가자미의 뺨을 철썩! 때렸습니다. 그 바람에 가자미의 눈이 한쪽으로 몰렸습니다. 깜짝 놀란 망둥어는 눈이 툭 튀어나왔습니다. 그 모습을 보고 새우는 허리를 잡고 웃다가 등이 꼬부라졌고, 꼴뚜기는 깜짝 놀라 얼른 눈을 떼어 엉덩이에 붙였습니다. 메기는 너무 크게 웃다가 입이 찢어졌고, 눈치 보면서 입을 잡고 웃던 병어는 입이 뾰족해졌습니다.

1. 멸치의 꿈 이야기를 들은 망둥이는 멸치가 무엇이 될 수 있다고 했나요?

2. 가자미가 멸치의 꿈을 나쁘게 풀이해 준 이유는 무엇인가요?

3. 멸치가 가자미의 뺨을 때리자 가자미의 모습은 어떻게 달라졌나요?

활동 1

<멸치의 꿈>을 읽고 이야기의 내용에 알맞은 속담과 그 의미를 알아봅시다.

속담	꿈보다 해몽이 좋다.
의미	하찮거나 언짢은 일을 그럴듯하게 돌려 생각하여 좋게 풀이함을 이르는 말

활동 2

기분이 나쁘다는 이유로 멸치의 꿈을 나쁘게 풀이해 준 가자미의 행동에 대해 어떻게 생각하나요? 가자미의 행동에 대해 친구들과 토론해보고 자기 생각을 글로 정리해 봅시다.

망둥어의 꿈풀이에 신이 난 멸치는 다른 물고기들에게 말했습니다.
"이제부터 용이 될 나를 왕으로 모시거라!"
그 때 심통이 난 가자미가 앞으로 나서면서 꿈풀이를 시작했습니다.
"하늘과 바다를 오르락내리락하는 건 낚시줄에 걸려 하늘로 솟았다가 낚시 통에 들어가는 것입니다. 흰 눈이 오는 것은 소금을 뿌리는 것이고, 추웠다 더웠다 하는 것은 불판에 굽느라 잘 익으라고 뒤집어서 그런 것이지요."

멸치의 꿈을 나쁘게 풀이해 준 가자미의 행동은 옳다.	☐
멸치의 꿈을 나쁘게 풀이해 준 가자미의 행동은 옳지 않다.	☐

찬성	1. 멸치의 부탁으로 가자미는 망둥어 할머니를 모시고 오느라 고생했는데 고맙다는 말도 하지 않고 무시해서 가자미가 화가 났을 것이다. 2. 망둥어 할머니의 꿈풀이를 듣고 멸치가 잘난 척을 하는 모습이 옳지 않다. 3. 가자미가 나쁜 꿈풀이를 솔직하게 말해주면 멸치가 자신의 행동을 조심해서 낚시에 잡히지 않을 것이다.
반대	1. 멸치는 가자미가 화가 났다는 것을 몰랐을 수도 있다. 2. 화가 났다는 이유로 일부러 상대방의 기분을 나쁘게 하는 말을 하는 것은 옳지 않다. 3. 가자미가 멸치에게 복수하는 것보다 자신의 속마음을 솔직하게 말하는 것이 좋은 방법이다. 4. 다른 친구들과 친하게 지내려면 상대방의 기분을 나쁘게 하는 말보다 기분이 좋아지는 말을 먼저 해야 한다.

멸치의 꿈을 나쁘게 풀이해 준 가자미의 행동은 옳다. 가자미는 멸치를 위해서 망둥어 할머니를 모셔와 먼 곳까지 다녀왔는데 멸치가 고맙다는 말도 안 하고 가자미를 무시했다. 가자미의 기분이 나쁜데 멸치가 좋은 척을 해서 가자미는 화가 났을 것이다. 가자미의 꿈풀이를 듣고 멸치는 반성하고 조심을 해야 한다.	멸치의 꿈을 나쁘게 풀이해 준 가자미의 행동은 옳다. 가자미는 멸치를 위해서 망둥어 할머니를 모시러 먼 곳까지 다녀왔는데 멸치가 고맙다는 말도 하지 않고 가자미를 무시했기 때문이다. 가자미의 기분 나쁜데 다른 꿈 풀이를 듣고 멸치가 잘난 척을 해서 가자미는 화가 났을 것이다. 가자미의 꿈풀이를 듣고 멸치는 자신의 행동을 반성하고 조심해야 한다.
멸치의 꿈을 나쁘게 풀이해 준 가자미의 행동은 옳지 않다. 왜냐하면 화가 났다고 해도 멸치의 기분이 나쁘게 꿈 풀이를 해서 복수를 하려고 나쁜 말을 하면 안 된다. 낚시에 잡혀 어부에게 잡아먹힌다고 말해서 멸치는 더 화가 났을 것이다. 그래서 멸치가 가자미에게 화풀이한 것이다. 자신의 마음을 먼저 솔직하게 말하면 멸치와 더 친하게 지낼 수 있다.	멸치의 꿈을 나쁘게 풀이해 준 가자미의 행동은 옳지 않다. 왜냐하면 화가 났다고 해도 멸치의 기분이 나쁘게 꿈 풀이를 해서 복수를 하려고 나쁜 말을 하면 안 된다. 낚시에 잡혀 어부에게 잡아먹힌다고 말해서 멸치는 더 화가 났을 것이다. 그래서 멸치가 가자미에게 화풀이한 것이다. 자신의 마음을 먼저 솔직하게 말하고 기분 좋은 말을 먼저 하면 멸치와 더 친하게 지낼 수 있다.
멸치의 꿈을 나쁘게 풀이해 준 가자미의 행동은 옳지 않다. 왜냐하면 자기가 기분이 나쁘면 자기의 기분을 말하면 된다. 그런데 가자미는 자기의 기분을 말하지 않고 멸치가 속상하게 꿈풀이를 나쁘게 풀이해 줬다. 그래서 가자미의 행동은 옳지 않다.	멸치의 꿈을 나쁘게 풀이해 준 가자미의 행동은 옳지 않다. 왜냐하면 자기가 기분이 나쁘면 자기의 기분을 말하면 된다. 그런데 가자미는 자기의 기분을 말하지 않고 멸치가 속상하게 꿈풀이를 나쁘게 해 주었다. 그래서 가자미의 행동은 옳지 않다.
멸치의 꿈을 나쁘게 풀이해 준 가자미의 행동은 옳지 않다. 왜냐하면 멸치가 자기를 무시하고 인사를 하지 않아도 그냥 솔직하게 말하면 된다. 또, 나쁜 꿈풀이를 한 것은 상대방의 기분을 상하게 한 행동이다. 그러기 때문에 가자미는 멸치에게 나쁜 꿈풀이를 말하면 안 된다.	멸치의 꿈을 나쁘게 풀이해 준 가자미의 행동은 옳지 않다. 왜냐하면 멸치가 자기를 무시하고 인사를 하지 않아도 그냥 솔직하게 말하면 되기 때문이다. 또 나쁜 꿈풀이를 한 것은 상대방의 기분을 상하게 한 행동이다. 그렇기 때문에 가자미는 멸치에게 나쁜 꿈풀이를 말하면 안 된다.

활동 3

멸치의 꿈이 미래에 일어난 일을 알려줄 수 있을까요? 꿈을 풀이하는 것에 대한 생각을 친구들과 이야기해 보고, 멸치에게 보내는 편지를 써 봅시다.

어른들은 돼지꿈을 꾸면 "돈이 생기려나 보다" 하시고, 높은 곳에서 떨어지는 꿈을 꾸면 "키가 크려나 보다"라고 말씀하시곤 합니다. 꿈이 미래에 일어날 일을 알려줄 수 있을까요?

멸치 할아버지 너무 꿈을 지나치게 믿으면 절망에 빠지거나 잘난 척을 할 수도 있어요. 꿈풀이를 재미있게 생각하면 좋겠어요.	멸치 할아버지. 꿈을 너무 지나치게 믿으면 절망에 빠지거나 잘난 척을 하게 될 수 있어요. 꿈풀이를 재미있게 생각했으면 좋겠어요.
멸치에게. 멸치야, 멋진 꿈풀이를 믿는 건 좋지만 너무 지나치게 현실같이 믿으면 안돼. 꿈은 현실이 아니야. 그러니까 다른 물고기들이 화나지 않게 잘난 척을 하지 말아줘. 그리고 나쁜 꿈풀이를 믿어서 절망에 빠지면 안돼.	멸치에게. 멸치야, 멋진 꿈풀이를 믿는 건 좋지만 너무 지나치게 현실 같이 믿으면 안 돼. 꿈은 현실이 아니야. 그러니까 다른 물고기들이 화나지 않게 잘난 척을 하지 말아줘. 그리고 나쁜 꿈풀이를 믿어서 절망에 빠지면 안 돼.
멸치에게. 멸치야 멋진 꿈풀이를 믿는 건 좋은 것 같아. 하지만 지나치게 현실같이 믿는 건 어리석은 태도야. 꿈은 현실이 아니야. 그리고 나쁜 꿈풀이를 믿어서 절망에 빠지는 것도 옳지 않아. 앞으로는 꿈을 다 믿지 말고 하루하루 행복하게 살아. 그러면 좋은 일이 생길거야!	멸치에게. 멸치야 멋진 꿈 풀이를 믿는 건 좋은 것 같아. 하지만 지나치게 현실같이 믿는 건 어리석은 태도야. 꿈은 현실이 아니야. 그리고 나쁜 꿈풀이를 믿어서 절망에 빠지는 것도 옳지 않아. 앞으로는 꿈을 다 믿지 말고 하루하루 행복하게 살아. 그러면 더 좋은 일이 생길 거야!
멸치야 꿈이 미래를 다 알려주는 것은 아니야 너무 잘난 척하지도 말고 너무 걱정하지도마 그냥 행복하게 살아	멸치야 꿈이 미래를 다 알려주는 것은 아니야. 너무 잘난 척하지도 말고 너무 걱정하지도 마. 그냥 행복하게 살아.

- 『무슨 꿈이든 괜찮아』 프르체미스타프 베히터로비츠 지음, 마르타 이그네르스카 그림, 김서정 옮김, 마루벌, 2014
- 『꿈을 먹는 요정』 안네게르트 폭스 후버 그림, 미하엘 엔데 글, 문성원 옮김, 시공주니어, 2001
- 『누가 내 머리에 똥 쌌어?』 베르너 홀츠바르트 글, 볼프 에를부르흐 그림, 사계절, 2002
- 『하루에 한 편 이솝이야기』〈여우와 두루미〉이솝 글, 이수지 엮음, 전정환 그림, 엠앤키즈, 2019

3. 재주 많은 형제

재주 많은 형제는 정의로운 도둑인가요?

아주 먼 옛날 어느 마을에 특별한 재주를 가진 세 형제가 살고 있었습니다. 첫째는 눈이 아주 밝아 천리까지 내다볼 수 있는 재주가 있었습니다. 맑은 날이면 백두산 천지를 보고, 동쪽 끝 독도를 보고, 남쪽 한라산 백록담을 볼 수 있었습니다. 둘째는 힘이 아주 세서 한 손으로 집채만 한 바위를 번쩍, 아름드리 나무를 번쩍, 쌀 백가마니도 번쩍 들어 올렸습니다. 셋째는 맷집이 아주 좋아서 회초리로 맞아도 깔깔깔, 몽둥이로 맞아도 깔깔깔, 간지러워할 뿐이었습니다.

그러던 어느 해, 오랫동안 비가 내리지 않고 더운 날만 계속되더니 땅이 쩍쩍 갈라지고, 우물도 텅 비어 마을 사람들은 걱정이 많았습니다. 세 형제는 큰 가뭄에 흉년이 들어 힘들어하는 마을 사람들을 위해 먹을 것을 구하기로 했습니다.

마을에서 가장 높은 산에 올라간 첫째가 소리쳤습니다. "저기 쌀가마니 가득 쌓인 곳간이 보인다!" 세 형제는 바람처럼 달려 마을로 내려가 곳간을 찾아 다녔습니다. 어디에선가 부침개 부치는 소리가 지글지글, 고기 굽는 냄새가 솔솔 나서 따라가보니 사또가 큰 잔치를 벌이고 있었습니다.

힘센 둘째는 곳간에서 쌀 아흔아홉 가마니를 가뿐히 들고 나와 마을 사람들에게 골고루 나누어 주었습니다. 세 형제 덕분에 마을 사람들은 오랜만에 맛있는 쌀밥을 먹을 수 있었습니다.

날이 밝자 사또가 쌀 도둑을 잡아들이라고 소리를 지르고, 포졸들은 이리저리 몰려다니며 허둥댔습니다. 결국 마을 사람들은 모두 관청으로 끌려와서 곤장을 맞게 되었습니다. 그러나 누구도 세형제가 그랬다고 말하지 않았습니다.

그 때 셋째가 "내가 바로 걸어나왔습니다. 사또는 얼굴이 붉으락푸르락하여 소리쳤습니다. "여봐라 저놈의 볼기를 백대를 쳐라!"그러나 셋째는 곤장을 맞으며 웃기만 했고 포졸들은 쓰러지고 말았습니다.

그 때 천둥번개가 우르르 쾅쾅! 깜짝 놀란 사또는 마루 밑으로 숨었고, 굵은 빗줄기가 내려 땅은 촉촉해졌습니다. 세 형제와 마을 사람들은 오래오래 행복하게 살았습니다.

1. 마을 사람들이 걱정하는 이유는 무엇인가요?

———————————————————————

2. 높은 산에서 곳간을 발견한 형제들이 마을에 내려와 본 것은 무엇이었나요?

———————————————————————

3. 가뭄으로 걱정하던 마을 사람들이 오랜만에 쌀밥을 먹을 수 있었던 이유는 무엇인가요?

활동 1

<재주 많은 형제>를 읽고 이야기의 내용과 관련된 속담을 알아봅시다.

속담	타고난 재주 사람마다 하나씩은 있다.
의미	사람은 누구나 한 가지씩의 재주가 있다.

활동 2

재주 많은 형제는 사또의 곳간에서 쌀을 가지고 와 마을 사람들에게 나누어 주었습니다. 재주 많은 형제의 행동에 대해 친구들과 토론해보고, 자기 생각을 글로 정리해 봅시다.

우리 : 사또는 가뭄으로 걱정하는 마을 사람들을 돌보지 않고 잔치를 벌였습니다. 재주 많은 형제들은 사또의 곳간에서 가지고 온 쌀을 마을 사람들에게 골고루 나누어 주었습니다.

나라 : 재주 많은 형제가 가뭄으로 힘들어하는 마을 사람들을 도와주었지만 사또의 곳간에서 쌀을 훔친 행동은 옳지 않다고 생각합니다.

	재주 많은 형제가 마을 사람들에게 쌀을 나누어 준 행동은 옳다.	☐
	재주 많은 형제가 마을 사람들에게 쌀을 나누어 준 행동은 옳지 않다.	☐

찬성	1. 마을 사람들을 힘들게 하는 사또의 재물을 훔쳐서 사람들을 도와준 행동은 정의롭다. 2. 재주 많은 형제가 자신의 이익을 얻기 위한 행동을 한 것이 아니라 마을 사람들에게 골고루 나누어주었다. 3. 법과 질서를 지키려고 하면 굶고 있는 많은 사람을 빨리 구할 수 없었을 것이다. 4. 먹을 것이 없어서 굶고 있는 사람들을 구해주는 것이 법이나 질서를 지키는 것보다 더 중요하다. 5. 사또의 재산은 마을 사람들이 일해서 얻은 것이기 때문에 훔친 것으로 볼 수 없다. 6. 탐관오리가 욕심을 채우기 위해 백성들을 괴롭힌 행동도 벌을 받아야 한다.
반대	1. 사람들을 도와준다고 해도 사또의 곳간에서 곡식을 몰래 가지고 나온 것은 도둑질이다. 2. 가난한 마을 사람들을 도와줄 수 있는 다른 방법도 많이 있을 것이다. 3. 시간이 좀 걸리더라도 법과 질서를 지켜서 마을 사람들을 도와주었어야 한다. 4. 재주 많은 형제처럼 법과 질서를 지키지 않은 사람이 많아져서 사회가 혼란스러워지면 사람들이 살아가기가 더 힘들어질 수도 있다. 5. 재주 많은 형제가 도둑질을 한 것은 사또가 나쁜 짓을 한 것과 다르지 않다.

(손글씨)	재주 많은 형제가 마을 사람들에게 쌀을 나누어 준 행동은 옳다. 마을 사람들이 열심히 농사를 지어 생긴 쌀을 사또가 많이 가져갔는데 마을 사람들에게 나누어 주지 않아서 마을 사람들이 고통을 받고 있다. 사또는 마을 사람들을 잘 도와주어야 한다.
(손글씨)	재주 많은 형제가 마을 사람들에게 쌀을 나누어 준 행동은 옳지 않다. 마을 사람들을 돕기 위해서 다른 사람의 물건을 몰래 훔치는 것은 나쁜 행동이다. 도둑질해서 법을 어기면 나라가 더 혼란스러워진다. 내가 재주 많은 형제였다면 사또의 잘못을 임금님에게 알리고 벌을 받게 했을 것이다.
(손글씨)	재주 많은 형제가 마을 사람들에게 쌀을 나누어 준 행동은 옳다. 사또의 재물을 곳간에서 가지고 온 것은 자기 자신을 위해서가 아니라 가난한 마을 사람들이 굶고 있었기 때문이다. 재주 많은 형제는 마을 사람들의 생명을 구해주었고 희망을 준 것이다. 재주 많은 형제에게 상을 주어야 한다.

활동 3

내가 가진 재주는 무엇인가요? 나에게 특별한 재주가 있다면 어떻게 쓰고 싶은지 자유롭게 상상해보고 글과 그림으로 표현해 봅시다.

_____

_____

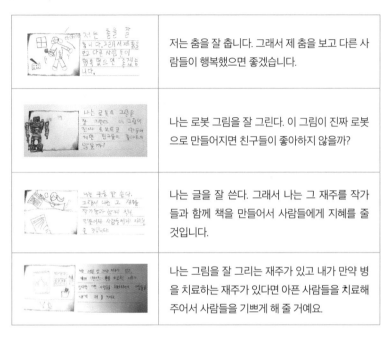

	저는 춤을 잘 춥니다. 그래서 제 춤을 보고 다른 사람들이 행복했으면 좋겠습니다.
	나는 로봇 그림을 잘 그린다. 이 그림이 진짜 로봇으로 만들어지면 친구들이 좋아하지 않을까?
	나는 글을 잘 쓴다. 그래서 나는 그 재주를 작가들과 함께 책을 만들어서 사람들에게 지혜를 줄 것입니다.
	나는 그림을 잘 그리는 재주가 있고 내가 만약 병을 치료하는 재주가 있다면 아픈 사람들을 치료해 주어서 사람들을 기쁘게 해 줄 거예요.

함께 읽을 책

- 『재주 많은 여섯 형제』 김미숙 글, 이진우 그림, 웅진씽크하우스, 2007
- 『재주 많은 일곱 쌍둥이』 홍영우 글 그림, 보리, 2012
- 『홍길동』 홍영우 글/그림, 보리, 2006
- 『재주 많은 다섯 친구』 양재홍 글, 이춘길 그림, 보림, 1996
- 『별난 재주꾼 이야기』 조호상 글, 김규택 그림, 사계절, 2015

4. 요술항아리

지나친 욕심은 어떤 결과를 가져올까요?

옛날 한 마을에 가난하지만 부지런한 농부가 살았습니다. 농부는 열심히 일해서 모은 돈으로 이웃 마을 부자에게 밭을 조금 샀습니다. 농부가 농사를 지으려고 밭에 있는 돌을 하나하나 골라내고 있을 때 괭이에 무언가가 걸렸습니다. 농부가 조심조심 땅을 파 보았더니 땅속에서 커다란 항아리 하나가 나왔습니다. 농부는 괭이를 항아리에 넣어 집으로 돌아 왔습니다. 다음날 아침, 농부는 밭에 나가려고 항아리에서 괭이를 꺼냈습니다. 그런데 항아리 안에 괭이가 하나 더 있었습니다. 괭이는 꺼내도 꺼내도 계속 나오더니 마당 가득 쌓였습니다.

"얼씨구. 괭이가 계속 나오네! 이 항아리가 요술 항아리로구나!"

농부는 항아리에 엽전을 넣어보았습니다. 엽전이 항아리에서 계속 나오더니 마당 가득 쌓였습니다. 농부는 기뻐서 덩실 춤을 추었습니다. 요술 항아리 덕분에 농부가 부자가 되었다는 소문을 듣게 된 부자 영감은 항아리를 빼앗아 올 궁리를 했습니다. 부자 영감은 농부의 집으로 갔습니다.

"여보게, 난 자네에게 밭만 팔았지 항아리는 팔지 않았네. 그러니 요술 항아리는 내 것일세!"

그러자 농부가 말했습니다.

"제가 밭을 일구지 않았다면 항아리를 얻었겠습니까? 항아리는 노력해서 얻은 것입니다."

두 사람은 원님을 찾아가 묻기로 했습니다. 그런데 요술항아리를 본 원님도 욕심이 났습니다.

"항아리 때문에 이웃끼리 다투어서야 되겠느냐? 요술 항아리는 내가 당분간 보관하겠다."

농부와 부자 영감은 억울했지만 어쩔 수 없이 집으로 돌아갔습니다. 원님은 덩실덩실 춤을 추며 요술항아리를 쓰다듬었습니다. 원님은 제일 먼저 곶감을 넣어보았습니다. 그러자 곶감이 계속 나왔습니다. 곶감은 곳간 가득 쌓였습니다. 그런데 그 모습을 지켜보던 원님의 아버지가 요술 항아리 속을 들여다 보다가 항아리에 쏙 빠졌습니다.

"아버지. 제 손을 잡고 얼른 나오세요!"

원님은 아버지를 항아리에서 끌어냈습니다. 그런데 항아리 안에서 또 소리가 들렸습니다. 원님은 땀을 뻘뻘 흘리며 계속 아버지를 꺼냈습니다. 잠시 뒤, 항아리에서 줄줄이 나온 아버지들은 자신이 진짜 원님의 아버지라며 싸우기 시작했습니다.

1. 농부와 부자 영감이 요술항아리가 자신의 것이라고 주장하는 이유는 무엇인가요?

농부	
부자 영감	

2. 원님의 아버지가 항아리에 들어간 후 어떤 일이 일어났나요?

_____

활동 1

<요술항아리>를 읽고 이야기의 내용과 관련된 속담을 알아봅시다.

속담	사촌이 땅을 사면 배가 아프다.
의미	다른 사람이 잘 되는 것을 질투하고 시기하는 마음을 뜻한다.

활동 2

원님의 아버지가 요술 항아리에서 계속 나와서 싸우고 있습니다. 뒷이야기를 상상하여 꾸며 써 봅시다.

항아리에서 줄줄이 나온 아버지들은 자신이 진짜 원님의 아버지라며
_____
싸우기 시작했습니다.
_____

_____

_____

_____

	아버지가 너무 많이 나오고 싸워서 원님은 너무 시끄럽고 화가 나서 항아리를 깨뜨려 버렸습니다. 그러다 갑자기 나오던 아버지들이 없어지고 한 명만 남았습니다. 원님은 자신의 행동을 반성하고 다시는 욕심을 부리지 않았습니다.
	그래서 원님은 "제 진짜 아버지를 찾아주시고 다른 사람들은 없어지게 해 주세요!"라고 무릎을 꿇고 하나님에게 기도를 했습니다. 그러자 진짜 원님의 아버지만 남고 다른 싸우던 사람들은 사라졌습니다. 이 일이 있었던 이후, 원님은 항아리를 부숴버리고 나누며 살 수 있는 사람이 되었습니다.

활동 3

　내가 가진 재주는 무엇인가요? 나에게 특별한 재주가 있다면 어떻게 쓰고 싶은지 자유롭게 상상해보고 글과 그림으로 표현해 봅시다.

　부자 영감은 농부의 집으로 갔습니다.

　"여보게, 난 밭만 팔았지 항아리는 팔지 않았네. 그러니 요술 항아리는 내 것일세!"

　그러자 농부가 말했습니다.

　"밭을 일구지 않았다면 항아리를 찾지 못했을 것입니다. 항아리는 제가 노력해서 얻은 것입니다."

　두 사람은 원님을 찾아가 묻기로 했습니다.

| 요술 항아리는 농부에게 주어야 한다. | ☐ |
| 요술 항아리는 부자에게 주어야 한다. | ☐ |

농부	1. 부자는 밭에 항아리가 있는지 모르고 농부에게 밭을 팔았다.
	2. 만약 농부가 밭을 일구지 않았다면 항아리를 발견하지 못했을 것이다.
	3. 농부가 밭에서 요술 항아리를 발견한 것은 농부에게 행운이 찾아온 것이다.
	4. 농부에게 밭을 팔기 전에 잘 살펴봤어야 하는데 살펴보지 않은 부자의 잘못이다.
	5. 부자가 농부에게 밭을 팔았을 때 밭에 있는 흙이랑 돌 같은 것들도 같이 주는 것처럼 항아리도 농부에게 주어야 한다.
부자	1. 부자는 농부에게 밭을 팔았지 항아리는 팔지 않았다.
	2. 농부는 밭을 산 값만 부자에게 주었기 때문에 항아리는 농부의 것이 아니다.
	3. 농부가 자신의 물건이 아닌데 그냥 갖는 것은 도둑질하는 것이다. 길에 있는 물건을 그냥 가지면 안 된다.

(손글씨)	내가 만약 원님이라면 항아리의 주인은 아무도 없다는 판결을 내릴 것이다. 왜냐하면 농부가 밭을 샀지 항아리를 산 것은 아니기 때문이다. 그리고 부자 영감님은 밭에 항아리가 있는지 몰랐기 때문이다. 항아리를 깨뜨려 버리거나 농부와 부자가 함께 사용해야 한다.
(손글씨)	내가 원님이라면 부자에게 항아리를 줄 것이다. 왜냐하면 원래 그 밭은 부자의 것이었고, 부자는 농부에게 밭을 팔았지 항아리는 팔지 않았기 때문이다. 그리고 항아리값을 받지도 않고 항아리를 줄 수 없기 때문이다.
(손글씨)	내가 원님이라면 농부에게 항아리를 줄 것이다. 만약 농부가 열심히 농사를 짓지 않았으면 요술 항아리를 찾지 못했을 것이다. 부자 할아버지는 그 밭에 항아리가 있는지도 몰랐는데 항아리가 자기 것이라고 우기면 안 된다. 요술 항아리는 농부가 열심히 일했기 때문에 발견한 행운이다.

활동 4

　　나에게 만약 요술 항아리가 있다면 항아리에 넣고 싶은 것은 무엇인가요? 그 이
유를 생각해보고 글과 그림으로 표현해 봅시다.

_____

_____

_____

　　✎ 학생들의 수행 결과

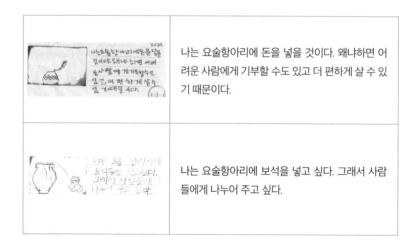

	나는 요술항아리에 돈을 넣을 것이다. 왜냐하면 어려운 사람에게 기부할 수도 있고 더 편하게 살 수 있기 때문이다.
	나는 요술항아리에 보석을 넣고 싶다. 그래서 사람들에게 나누어 주고 싶다.

함께 읽을 책

- 『신기한 독』홍영우 글,그림, 보리, 2010
- 『요술항아리』이수아 글,그림, 비룡소, 2008
- 『이솝이야기』〈거위와 황금알〉제리 핑크니 글, 이솝 원작, 김세희 옮김, 국민서관, 2005

5. 자린고비와 달랑곱재기

돈을 아끼면 더 행복해질까요?

옛날에 윗마을에 자린고비가 살고 아랫마을에 달랑곱재기가 살았습니다. 두 사람은 어디 가나 둘째가라면 서러워할 소문난 구두쇠였습니다.

어느 겨울 밤 자린고비가 새벽에 추워서 잠을 깨보니 문에 발라놓은 창호지에 사발만한 구멍이 나 있었습니다. 찬바람이 구멍으로 솔솔 들어오니 추워서 잠을 잘 수가 없었습니다. 그래서 날이 밝자마자 온 동네를 돌아다니며 버려진 종이를 찾았습니다. 운이 좋게 찢어진 종이 조각을 줍긴 했는데 너무 작아서 구멍을 막을 수 없었습니다. 그래서 자린고비는 생각하다가 강 건너 사는 달랑곱재기에게 편지를 써서 보냈습니다.

"내 긴히 쓸 일이 있어서 그러니 올해 자네가 정월 초하루부터 섣달 그믐날까지 한 일을 적어서 보내주게."

일 년 동안 한 일을 다 쓰려면 큰 종이가 필요할테니 달랑곱재기가 답장을 써주면 문구멍을 바를 생각이었습니다. 그렇게 편지를 보내놓고 답장이 오기를 기다렸지만 아무리 기다려도 답장이 오지 않았습니다. 그래서 화가 난 자린고비는 달랑곱재기를 찾아갔습니다.

"이 사람아 귀한 종이에 쓴 편지를 받았으면 답장을 보내야 할 것 아닌가."

"아 미안하네. 나도 답장을 보내고 싶지만 집에 종이가 없어서."

"그럼 그 편지라도 돌려주게."

"그 편지 우리 집 문구멍 뚫어진 데가 있어서 발라 놨네. 종이가 질긴 것이 문구멍 바르기에 아주 좋더군."

그러자 자린고비는 화가 나서 펄쩍펄쩍 뛰었습니다. 화가 난 자린고비가 문구멍을 발라놓은 종이를 달려들어 뜯어가자 달랑곱재기가 기겁을 하면서 따라왔습니다.

"여보게, 자네 종이를 도로 떼 가는 거야 좋지만 그 편지에 붙은 밥알은 떼 놓고 가게. 그것 붙이느라 밥알이 자그마치 세 알이나 들었다네."

1. 〈자린고비와 달랑곱재기〉를 읽고 빈칸에 알맞은 말을 넣어봅시다.

   자린고비와 달랑곱재기는 소문난 ○ ○ ○ 였습니다.

2. 자린고비가 달랑곱재기에게 편지를 보낸 이유는 무엇인가요?

   _____

3. 달랑곱재기네 집으로 간 자린고비가 화가 난 이유는 무엇인가요?

   _____

활동 1

<자린고비와 달랑곱재기>를 읽고, 이야기의 내용과 관련된 속담과 그 의미를
알아봅시다.

속담	감기 고뿔도 남을 안 준다.
의미	감기까지도 남에게 주지 않을 만큼 지독하게 인색하다.

활동 2

우리가 초등학생 자린고비가 된다면, 일상생활에서 실천할 수 있는 근검절약 방
법에는 어떤 것들이 있는지 생각해 봅시다.

학생들의 발표 내용

• 용돈을 받으면 저금통에 넣고 꼭 필요한 물건만 산다.
• 급식을 먹을 때 반찬을 남기지 않는다.

- 학용품을 잃어버리지 않고 아껴서 쓴다.
- 이를 닦을 때 수도꼭지를 잘 잠근다.
- 집에서 사용하지 않는 전등을 잘 끈다.

활동 3

자린고비와 달랑곱재기가 무엇이든 아끼는 모습을 보면서 느낀 점은 무엇인가요? 좋은 점과 나쁜 점을 생각해보고, 자린고비와 달랑곱재기에게 보내는 편지를 써 봅시다.

좋은점	1. 자린고비처럼 절약을 하면 부자가 될 수 있고 부자가 되면 더 편하게 살 수 있다. 2. 절약하면 물건을 낭비하지 않고 환경도 보호할 수 있다. 3. 자신의 물건이나 재산을 절약해서 다른 사람을 돕거나 더 좋은 곳에 사용할 수 있다. 4. 사람들이 행복한 삶을 살기 위해서는 돈이 많이 필요하다. 5. 미래를 위해서 절약하고 아끼는 습관을 갖는 것이 현명하다.

| 나쁜점 | 1. 자린고비처럼 맛있는 음식도 제대로 못 먹고 물건도 사용하지 않는 것은 어리석다.
2. 지나치게 아끼려고 자기 것만 중요하게 생각하면 다툼이 생길 수 있다.
3. 돈을 모으기만 할 생각에 마음에 여유가 없고 행복을 느낄 수 없다.
4. 자린고비의 가족들은 자린고비 때문에 음식도 제대로 못 먹어서 너무 힘들고 불행했을 것이다.
5. 행복하기 위해서 돈이 필요하지만 가장 중요한 것은 아니다. |

학생들의 수행 결과

(학생 손글씨)	안녕하세요, 그런데 계속 아끼는 것보다는 가족이 더 중요하잖아요. 그러니까 적당히 아껴요. 그래서 너무 아껴서 가족들이 아플 수도 있어요. 그러니까 적당히 아끼라는 거예요. 계속 문구멍이 뚫려있으면 가족들이 감기에 걸려서 아프니까 돈을 조금 써서 종이로 막으세요. 알았죠! 잘 있으세요. 그리고 적당히 아끼라는 거 잊으면 안 돼요.
(학생 손글씨)	아저씨들은 함부로 낭비하거나 버리지 않아요. 하지만 안 좋은 점은 밥을 맛있게 못 먹어요. 앞으로 돈을 많이 벌어서 가족들과 맛있는 음식을 많이 먹고 가족들과 더 행복하게 사세요.
(학생 손글씨)	자린고비 아저씨, 아끼려고 하는 점은 좋지만 아이들이 굴비를 먹고 싶어 하는데 굴비를 천장에 매달아 놓고 두 번 보면 밥도 두 숟가락 먹으라고 하는 모습은 지나친 행동이에요. 앞으로 밥을 맛있게 먹었으면 좋겠어요.

184

활동 4

    <자린고비와 달랑곱재기>를 읽고 가장 재미있었던 장면을 글과 그림으로 표현해 봅시다.

✏️ 학생들의 수행 결과

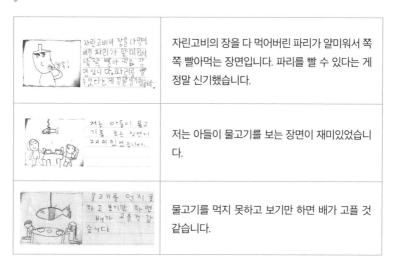

자린고비의 장을 다 먹어버린 파리가 얄미워서 짝짝 빨아먹는 장면입니다. 파리를 빨 수 있다는 게 정말 신기했습니다.	
저는 아들이 물고기를 보는 장면이 재미있었습니다.	
물고기를 먹지 못하고 보기만 하면 배가 고플 것 같습니다.	

함께 읽을 책

- 『천하제일 자린고비 이야기』 우리누리 글, 지영이 그림, 주니어중앙, 2011
- 『자린고비』 정하섭 글, 문종훈 그림, 웅진주니어, 2010
- 『돈벼락, 똥벼락』 원유순 글, 오정택 그림, 이마주, 2016

6. 흥부놀부

흥부는 행운이 없어도 부자가 될 수 있을까요?

옛날 어느 마을에 흥부와 놀부 형제가 살았습니다. 동생 흥부는 우는 아이 달래주고, 길 잃은 아이 집 찾아주고, 배고픈 사람 먹을 것을 나누어 주었습니다. 그런데 형 놀부는 불난 집에 부채질하고, 남의 호박에 말뚝 박고, 똥 누는 아이 주저앉히고, 우는 아이 쥐어박는 못된 짓만 골라 했습니다. 부모님이 돌아가시자 놀부는 집과 논밭을 혼자 독차지하고, 흥부네 식구들을 쫓아 버렸습니다. 흥부네 가족들은 열심히 일했지만 돈 한 푼 모으지 못하고 식구가 많아서 굶는 날이 더 많았습니다. 흥부는 곡식을 빌리려고 관아에 갔다가 죄 지은 사람 대신 곤장을 맞고 돈을 받는 매품팔이를 하려고 했지만 다른 사람이 매를 맞고 돈을 받아 가는 바람에 매품도 못 팔게 되었습니다. 결국 흥부는 형 놀부를 찾아갔습니다.

"형님, 내년 봄에 갚을테니 우리 식구들 먹을 양식을 조금만 꾸어주세요."

그러자 놀부의 아내가 부엌에서 나와 밥주걱으로 흥부의 뺨을 때려 내쫓았습니다.

따뜻한 봄이 되자 흥부네 집 처마 밑에 제비 한 쌍이 날아들더니 둥지를 틀고 새끼를 낳았습니다. 그러던 어느 날 구렁이가 제비 새끼들을 잡아먹으려 하는 것을 본 흥부는 막대기를 휘둘러 구렁이를 쫓았습니다. 그런데 새끼제비 한 마리가 떨어져 다리가 부러지고 말았습니다. 흥부는 제비 다리를 무명실로 꽁꽁 동여매 주었습니다.

다음해 봄 흥부네 집을 다시 찾은 제비는 흥부네 마당에 박씨 하나를 떨어뜨려 주었습니다. 흥부가 심은 박씨는 쑥쑥 자라 커다란 박이 주렁주렁 달렸습니다. 흥부네 가족은 마당 가운데 박을 놓고 노래를 하면서 박을 타기 시작했습니다.

"슬근슬근 톱질하세. 슬근슬근 톱질하세."

박이 쩍 갈라지더니 하얀 쌀과 돈과 비단이 쏟아져 나오고, 사람들이 몰려나와 기와집을 지어주었습니다.

흥부가 부자가 되었다는 소문을 들은 놀부는 심술이 나서 흥부를 찾아가 부자가 된 사연을 들었습니다. 놀부는 집에 돌아와 새끼 제비의 다리를 일부러 부러뜨리고 제비 다리에 실을 감아주었습니다.

다음해 봄 놀부의 집에도 제비가 박씨를 가져다 주었고, 놀부가 심은 박씨도 쑥쑥 자라서 커다란 박이 되었습니다.

"슬근슬근 톱질하세. 얼씨구 지화자 좋을시고!"

그런데 박을 타자 도깨비가 나와 놀부 부부를 흠씬 때려주더니, 곡식과 비단과 금은보화를 가져가 버렸습니다. 놀부 부부는 흥부에게 용서를 빌었고, 흥부는 형을 위로하면서 재산의 절반을 나누어 주었습니다.

1. 집에서 쫓겨난 흥부가 놀부를 다시 찾아간 이유는 무엇인가요?

2. 제비가 흥부네 집에 박 씨를 가져다 준 이유는 무엇인가요?

_____

3. 놀부는 부자가 된 흥부를 보고, 박씨를 얻기 위해 어떻게 했나요?

_____

활동 1

<흥부 놀부>를 읽고, 이야기의 내용과 관련된 속담과 그 의미를 알아봅시다.

속담	고운 일 하면 고운 밥 먹는다.
의미	좋은 일을 하면 좋은 대가를 받고 나쁜 일을 하면 나쁜 대가를 받는다.

활동 2

흥부는 부러진 제비 다리를 고쳐주고 행운을 얻어 부자가 되었습니다. 그 전에 부자가 될 수는 없었을까요? 가난한 흥부가 부자가 될 수 있는 좋은 방법을 생각해 봅시다.

_____

_____

_____

_____

• 홍부네 가족들이 힘을 합해 농사를 지어서 채소와 과일을 시장에서 팔면 된다.
• 홍부가 닭을 키워서 닭이 달걀을 낳으면 시장에서 판다.
• 낚싯대를 만들어서 물고기를 잡고 시장에서 물고기를 팔아서 돈을 벌 수 있다.
• 가족들이 춤을 추고 공연을 해서 돈을 받는다. 왜냐하면 춤을 추고 공연을 하면 돈이 없어도 돈을 벌 수 있기 때문이다.
• 가족들이 협동해서 함께 농사를 짓는다. 홍부네는 자식이 많으니까 일을 나누어서 하면 돈을 많이 모을 수 있다.

 활동 3

쌀을 얻으러 찾아온 홍부를 쫓아내고, 도와주지 않았던 놀부는 나쁜 사람인가요? 다음 대화를 읽고, 놀부의 행동에 대한 자기 생각을 글로 정리하여 친구들과 토론해 봅시다.

놀부 : 나는 부모님이 물려주신 재산을 지키기 위해서 많은 노력을 했습니다. 내가 홍부를 쫓아내지 않았다면 홍부는 평생 나에게 의지하고 살았을 것입니다. 홍부도 돈을 벌기 위해 노력을 해야 합니다.
홍부 : 형이 가난한 동생을 도와주는 것이 옳다고 생각합니다. 형이 부모님에게 물려받은 재산을 독차지하고, 동생을 도와주지 않는 것은 욕심 많고 이기적인 행동입니다.

	흥부를 돕지 않은 놀부의 행동은 옳다.	☐
	흥부를 돕지 않은 놀부의 행동은 옳지 않다.	☐

찬성	1. 놀부는 부모님이 물려주신 재산을 흥부와 나누고 싶지 않아서 흥부네 가족을 일부러 쫓아낸 것이다. 2. 놀부는 부모님의 재산을 독차지하고 자기 욕심만 차리는 이기적인 사람이다. 3. 흥부는 가난하고 집도 없는데 가족들을 한꺼번에 쫓아버려서 고생을 너무 많이 했다. 4. 가족이라면 손해를 보더라도 도움을 주어야 하는데 흥부네 가족을 쫓아버려서 흥부는 슬펐을 것이다. 5. 놀부가 처음부터 부모님 재산을 흥부에게 나누어 주었다면 흥부가 도와달라고 하지 않았을 것이다.
반대	1. 착한 마음으로 흥부를 도와주기만 한다면 놀부가 손해를 보고 놀부도 가난해졌을 것이다. 2. 흥부네 가족이 너무 많아서 계속 도움을 주다 보면 흥부를 더 미워하고 사이도 나빠졌을 것이다. 3. 스스로 돈을 벌지 않고 형에게 의지만 하는 흥부에게도 잘못이 있다. 4. 놀부가 흥부를 집에서 쫓아냈기 때문에 흥부도 집을 짓고 살면서 제비 다리를 고쳐주고 부자가 될 수 있었다.

(학생 손글씨)	흥부를 돕지 않은 놀부의 행동은 옳지 않다. 왜냐하면 아버지의 유산을 혼자 차지하는 것은 옳지 않고 자기 입장만 생각해 같이 못 살게 하고 돈을 주지 않은 것은 욕심 많은 행동이기 때문이다. 놀부는 가난한 흥부를 도와주고 사이좋게 지내야 한다.
(학생 손글씨)	흥부를 돕지 않은 놀부의 행동은 옳다. 만약 놀부가 흥부네 가족들을 계속 도와주었다면 놀부도 흥부처럼 가난해져서 사이가 더 안 좋아졌을 것이다. 흥부도 노력하면 돈을 벌 수 있고 제비를 도와주고 큰 행운을 얻어서 부자도 되었기 때문이다.
(학생 손글씨)	흥부를 돕지 않은 놀부의 행동은 옳지 않다. 아무리 흥부네 가족이 많다고 해도 형제이고 가족인데 흥부 가족을 한꺼번에 쫓아낸 행동은 흥부의 마음을 다치게 하는 행동이다. 가족으로서 옳지 않은 행동이다. 지나친 욕심을 부리지 말고 흥부네 가족을 도와야 한다.

활동 4

흥부는 박을 타서 큰 부자가 되었고, 놀부는 벌을 받았습니다. 만약 나에게 박이 있다면 박에서 무엇이 나올까요? 자유롭게 상상해보고 그림과 글로 표현해 봅시다.

___

___

___

 학생들의 수행 결과

	박에서 맛있는 음식이 나오면 좋겠습니다. 왜냐하면 맛있는 음식을 먹으면 기분이 좋고 몸이 건강해지기 때문입니다.
	박씨가 박 안에서 2000만 개가 나오면 좋겠다. 왜냐하면 박씨를 더 가져서 더 큰 부자가 될 수 있기 때문이다.

함께 읽을 책

- 『흥부 놀부』홍영우 글, 그림, 보리, 2014
- 『흥부 놀부』성석제 글, 허구 그림, 비룡소, 2016
- 『흥부전』김해등 글, 이용규 그림, 웅진주니어, 2016

7. 소금을 만드는 맷돌

요술 맷돌은 필요한가요?

아주 먼 옛날 원하는 것을 말하면 무엇이든 나오는 신기한 맷돌을 가진 임금님이 살았습니다. 임금님은 숨겨두었던 요술 맷돌을 자랑하고 싶었습니다. 임금님이 신하들 앞에서 요술 맷돌을 돌리면서 "나와라, 금돈!"하고 주문을 외우자 금돈이 쏟아져 나왔습니다.

"전하, 정말 신기한 맷돌입니다."

"이 일을 아무에게도 알려서는 안 된다. 알겠느냐?"

하지만 임금님이 요술 맷돌을 가지고 있다는 소문은 온 나라에 퍼졌습니다.

"임금님이 요술 맷돌을 가지고 있대! 뭐든지 말만 하면 끝없이 나오는 요술 맷돌이래!"

임금님이 요술 맷돌을 가지고 있다는 소문을 들은 도둑은 깜깜한 밤에 궁궐에 들어가 임금님의 요술 맷돌을 훔쳐 멀리멀리 달아났습니다. 신하들은 도둑을 잡으려고 사방으로 뛰어다녔지만 도둑을 찾을 수 없었습니다. 사람들이 없는 바닷가에 도착한 도둑은 작은 배 한 척을 발견하고 노를 저어 바다 한가운데로 갔습니다. 도둑은 기쁜 마음에 요술 맷돌을 빨리 시험해 보고 싶었습니다.

"무엇을 달라고 해 볼까? 그래! 귀한 소금을 달라고 해 보자!"

도둑은 요술 맷돌을 돌리면서 크게 소리쳤습니다.

"나와라 소금!"

그러자 하얀 소금이 쏟아져 나오기 시작했습니다. 배가 하얀 소금으로 가득 차도 "나와라, 소금! 나와라 소금!" 도둑은 외치고 또 외쳤습니다. 그러나 도둑은 맷돌을 멈추게 하는 방법을 몰랐고 소금으로 무거워진 배는 결국 가라앉고 말았습니다. 소금이 나오는 맷돌은 바다 속 깊이 가라 앉아 계속 돌아가고 있기 때문에 바닷물이 짜다고 합니다.

1. 임금님의 맷돌이 신기한 이유는 무엇인가요?

2. 도둑이 요술 맷돌을 돌리며 소금을 달라고 한 이유는 무엇인가요?

활동 1

<소금을 만든 맷돌>를 읽고, 이야기의 내용과 관련된 속담과 그 의미를 알아 봅시다.

속담	바다는 메워도 사람의 욕심은 못 채운다.
의미	사람의 욕심은 끝이 없어 무엇으로도 채울 수 없다는 말

요술 맷돌을 훔쳐 간 도둑이 바닷물에 빠져 죽은 이유는 무엇인가요? <소금이 나오는 맷돌>을 읽고, 도둑의 행동에 대해 친구들과 이야기해 보고 가상인터뷰 내용을 완성해 봅시다.

1. 도둑의 행동은 옳지 않다. 왜냐하면 임금님의 맷돌을 몰래 훔쳐 갔기 때문이다. 도둑은 지나치게 욕심을 부려서 벌을 받은 것이다.
2. 도둑은 임금님의 맷돌을 훔쳐서 부자가 되려고 하다가 벌을 받게 되었다.
3. 도둑이 착한 마음을 가지고 성실하게 일을 했다면 더 행복하게 살 수 있었을 텐데 바보 같은 행동을 했다.
4. 도둑은 배가 가라앉으면서 지나치게 욕심을 부린 행동을 크게 후회했을 것이다.

기자	임금님의 요술 맷돌을 훔친 이유는 무엇인가요?
도둑	임금님에게 말만 하면 무엇이든 나오는 신기한 맷돌이 있다는 소문을 듣고 요술 맷돌이 너무 가지고 싶었습니다. 부자가 될 수 있으니까요.
기자	요술 맷돌을 돌리면서 소금을 달라고 하셨던데요, 맷돌에서 소금이 쏟아져 나올 때 기분이 어떠셨나요?
도둑	귀한 소금이 계속 계속 나와서 부자가 될 수 있다는 생각에 너무 기뻤습니다. 그런데 멈추는 방법을 모르고 배가 가라앉아서 무서웠습니다.

기자	지금은 임금님의 맷돌을 훔친 행동을 후회하십니까? <소금을 만드는 맷돌>을 읽은 친구들에게 전하고 싶은 말을 해 주십시오.
도둑	저는 부자가 되고 싶은 욕심 때문에 임금님의 맷돌을 훔쳐서 벌을 받았습니다. 정직하게 일을 해서 행복하게 살 수 있었는데 후회가 됩니다. 다른 친구들은 지나친 욕심을 부리지 마세요!

활동 3

　　임금님의 요술 맷돌은 유용하게 사용할 수 있지만 나쁜 방법으로 사용될 수도 있습니다. 요술 맷돌이 오늘날 사람들에게 필요한지 생각해보고, 자신의 생각을 정리해 봅시다.

　　먼 옛날에 신기한 맷돌을 가진 임금님이 살았습니다. 임금님의 맷돌은 무엇이든 척척 내주는 요술 맷돌이었습니다. 임금님이 "나와라, 금돈!"하고 주문을 외우며 맷돌을 돌리면 금돈이 쏟아져 나왔습니다.

요술 맷돌은 필요하다.	☐
요술 맷돌은 필요하지 않다.	☐

_____

_____

_____

_____

찬성	1. 사람들이 요술 맷돌을 이용해서 꼭 필요한 물건을 얻을 수 있어서 살기 좋아진다. 2. 요술 맷돌이 있다면 가난한 사람들도 부자가 되어 편하게 살 수 있고 더 행복해질 것이다. 3. 요술 맷돌에서 필요한 물건이 계속 나오면 가난한 이웃들을 잘 도와줄 수 있다. 4. 요술 맷돌을 잘 사용하면 사람들이 착해져 나라가 더 평화로워질 것이다.
반대	1. 요술 맷돌을 서로 가지려고 사람들이 싸우게 될 것이다. 2. 나쁜 사람들이 요술 맷돌을 나쁜 곳에 이용하면 나라가 혼란스러워진다. 3. 맷돌을 훔친 도둑이 바다에 빠진 것처럼 욕심 때문에 사람들이 불행해질 것이다. 4. 요술 맷돌 없이도 사람들은 노력해서 필요한 물건을 충분히 얻을 수 있다. 5. 요술 맷돌로 필요한 물건이 계속 나오면 사람들이 일하지 않아서 점점 게을러질 것이다.

 학생들의 수행 결과

요술맷돌은 필요하지 않다. 나쁜 사람이 요술 맷돌을 갖게 되면 위험한 일이 생길 것이다. 그리고 도둑처럼 요술 맷돌을 욕심내는 사람들이 생기고 다툼이 일어날 수 있다. 요술 맷돌 때문에 세상이 어지러워질 것이다.	요술 맷돌은 필요하지 않다. 나쁜 사람이 갖게 되면 위험한 일이 생길 것이다. 그리고 도둑처럼 요술 맷돌을 욕심내는 사람들이 생기고 다툼이 일어날 수 있다. 요술 맷돌 때문에 세상이 어지러워질 것이다.
요술 맷돌은 필요하지 않다. 요술 맷돌을 잘못 사용하면 사람들이 불행해질 수 있다. 필요한 물건이 계속 나오면 일도 안 하고 게을러진다. 그리고 요술 맷돌을 가지고 싶어 하는 사람이 많으면 욕심 때문에 싸우기 때문이다. 나에게 요술 맷돌이 있다면 아무도 모르게 없애버릴 것이다.	요술 맷돌은 필요하지 않다. 요술 맷돌을 잘못 사용하면 사람들이 불행해질 수 있다. 필요한 물건이 계속 나오면 일도 안 하고 게을러진다. 그리고 요술 맷돌을 가지고 싶어 하는 사람이 많으면 욕심 때문에 싸우기 때문이다. 나는 요술 맷돌을 아무도 모르게 없애버릴 것이다.

| | 요술 맷돌은 필요하다. 욕심을 내지 않으면 다투지도 않고 많은 사람들을 도와줄 수 있다. 돈이 없는 사람한테 돈을 주고 밥이 없는 사람들에게 밥을 준다. 그래서 사람들이 힘들지 않고 세상이 행복해질 것이다. |

활동 4

나에게 만약 임금님의 요술 맷돌이 있다면, 무엇을 달라고 말하고 싶은지 생각해 보고 그 이유를 적어봅시다.

| | 나는 요술맷돌에게 예쁜 옷을 달라고 하고 싶습니다. 왜냐하면 옷을 입으면 멋지게 보이니까요. |
| | 요술맷돌에게 행복을 달라고 할 것이다. 행복이 계속 나오면 사람들에게 나누어 줄 것이다. 그러면 세상이 행복해진다. |

함께 읽을 책

- 『요술 맷돌』 이성실 글, 김미연 그림, 하루놀, 2019
- 『소금을 만드는 맷돌』 권규현 글, 이수희 그림, 봄볕, 2018
- 『스탠리와 요술램프』 제프 브라운 글, 설은영 그림, 지혜연 옮김, 시공주니어, 2002
- 『빨간부채 파란부채』 이상교 글, 심은숙 그림, 시공주니어, 2006

8. 토끼의 재판

토끼의 재판은 공정한가요?

옛날에 한 나그네가 길을 가다가 큰 구덩이에 빠진 호랑이를 만났습니다. 구덩이에서 빠져나올 수 없었던 호랑이는 나그네를 만나 애원했습니다.

"나그네님, 제발 저를 살려주십시오. 꼭 은혜를 갚겠습니다."

호랑이가 불쌍했던 나그네는 커다란 나무를 가져와 호랑이를 구해주었습니다. 그런데 며칠 동안 굶었던 호랑이는 올라오자마자 나그네를 잡아먹으려고 하였습니다.

"난 사람들이 파 놓은 구덩이에 빠져서 죽을 뻔했어. 미안하지만 배가 고프니 너를 잡아먹어야 하겠다.

"네가 나를 잡아먹지 않겠다고 해서 살려주었는데 은혜를 모르는구나. 옳지, 저기 황소한테 가서 한번 물어보고 나를 잡아먹던지 해라."

"구덩이에 빠진 호랑이를 구해줬는데 호랑이가 나를 잡아먹겠다고 하니 될 말입니까?"

나그네가 황소에게 말하자 호랑이가 나그네를 잡아먹어도 괜찮다고 말했습니다. 소는 일만 시키다 고기로 먹는 사람들이 미웠기 때문입니다.

나그네와 호랑이는 소나무에게도 물어보았습니다. 그러자 소나무도 나그네를 잡아먹어도 좋다고 말했습니다. 마음대로 줄기를 자르고 가지를 꺾는 사람들이 미웠기 때문입니다.

나그네가 슬퍼하고 있는데 토끼가 깡충깡충 뛰어와서 왜 그러느냐고 물었습니다.

"구덩이에 빠진 호랑이를 살려주었는데 날 잡아먹겠다고 하니 어떡하면 좋겠습니까?"

토끼는 말만 들어가지고는 잘 모르겠으니 원래대로 구덩이에 들어가 보라고 말했습니다. 호랑이가 다시 구덩이로 들어가자 나그네는 걸쳐 놓았던 나무를 재빨리 치워버렸습니다. 이제 호랑이는 구덩이에 다시 갇혀서 밖으로 나올 수가 없었습니다.

"이 은혜도 모르는 호랑이야, 너는 벌을 받아야 돼."

토끼는 이렇게 말하고 숲 속으로 깡충깡충 뛰어갔습니다.

1. 다른 사람이 베풀어 준 고마운 일을 나타내는 말은 무엇인가요? 빈 칸에 알맞은 말을 넣어 문장을 완성해 봅시다.

　　○○를 모르는 호랑이가 자기를 구해 준 나그네를 잡아먹으려고 했다.

2. 〈토끼의 재판〉에서 황소와 소나무가 사람들을 미워하는 이유는 무엇인가요? 각각의 입장을 정리해 봅시다.

황소	
소나무	

3. 토끼는 호랑이와 나그네의 말을 듣고 어떤 판결을 내렸나요?

_____

활동 1

<토끼의 재판>을 읽고, 이야기의 내용과 관련된 속담과 그 의미를 알아봅시다.

속담	물에 빠진 놈 건져 놓으니까 내 봇짐 내라 한다.
의미	남에게 은혜를 입고서도 그 고마움을 모르고 생트집을 잡는다.

활동 2

사람들을 미워하는 황소와 소나무에게 어떤 말을 해 주는 게 좋을까요? 친구들과
이야기해 보고 황소와 소나무에게 하고 싶은 말을 적어봅시다.

"네가 나를 잡아먹지 않겠다고 해서 살려주었는데 은혜를 모르는구나.
옳지, 그러면 저기 황소한테 가서 한번 물어보기나 하고 나를 잡아먹던
지 해라."
"구덩이에 빠진 호랑이를 구해줬는데 호랑이가 나를 잡아먹겠다고 하
니 될 말입니까?"

나그네가 이렇게 소에게 말하자 황소는 호랑이가 나그네를 잡아먹어도 괜찮다고 말했습니다. 소는 온종일 일만 시키다 죽여서는 고기로 먹는 사람들이 미웠기 때문입니다.

나그네와 호랑이는 소나무에게도 물어보았습니다. 그러자 소나무도 나그네를 잡아먹어도 좋다고 말했습니다. 마음대로 줄기를 자르고 가지를 꺾는 사람들이 미웠기 때문입니다.

학생들의 수행 결과

황이야 소나무야 ~~~~~ 정말 미안해. 그런데 너희가 있으면 우리가 살아갈 수가 없어? 너희도 먹을게 있어야 살지 않을까? 그러니까 우리를 이해해줘 그리고 다음부터 너희들을 생각할게	황소야 소나무야 정말 미안해. 그런데 너희가 없으면 우리가 살아갈 수가 없어. 왜냐하면 너희도 먹을 게 없으면 살 수가 없잖아. 그러니까 우리를 이해해줘. 그리고 다음부터 너희들을 생각할 게.
황소야 소나무야 정말 미안해 하지만 사람들은 너희들이 꼭 필요해 우리들을도와 헌신 고마워 다음에는 너희들을 적당히 쓸게	황소야 소나무야 정말 미안해. 하지만 사람들은 너희들이 꼭 필요해. 우리들을 도와줘서 고마워. 다음에는 너희들을 적당히 쓸게.

나그네와 호랑이에 대한 가상 재판이 열렸습니다. 나그네를 잡아먹으려 한 호랑이는 벌을 받아야 할까요? 친구들과 토론해보고, 판결문의 내용을 완성해 봅시다.

한 나그네가 길을 가다가 큰 구덩이에 빠진 호랑이를 만났습니다.

"나그네님, 제발 저를 살려주십시오. 꼭 은혜를 갚을게요."

나그네는 커다란 나무를 가져와 호랑이를 구해주었습니다. 그런데 호랑이는 올라오자마자

"난 사람들이 파 놓은 구덩이에 빠져서 죽을 뻔했어. 미안하지만 배가 고프니 너를 잡아먹어야 하겠다."고 말했습니다.

"네가 나를 잡아먹지 않겠다고 해서 살려주었는데 은혜를 모르는구나. 옳지, 그러면 저기 황소한테 가서 한번 물어보기나 하고 나를 잡아먹던지 해라."

〔원고〕나그네 : 구덩이에 빠진 호랑이를 구해주면 사람을 해치지 않기로 약속했는데 약속을 어기고 날 잡아 먹으려 하다니 억울합니다. 호랑이에게 벌을 주십시오.

〔피고〕호랑이 : 저는 사람들이 파 놓은 구덩이에 빠져서 죽을 뻔했습니다. 그래서 너무 배가 고픈 나머지 나그네를 잡아먹으려고 했던 것입니다. 저는 죄가 없습니다.

나그네를 잡아먹으려 한 호랑이는 벌을 받아야 한다.	☐
나그네를 잡아먹으려 한 호랑이는 벌을 받지 않아야 한다.	☐

찬성	1. 구덩이에 빠진 호랑이를 구해준 나그네를 잡아먹으려고 한 것은 은혜를 저버리는 행동이다. 2. 호랑이는 나그네에게 살려주면 은혜를 갚겠다고 스스로 약속을 하고 구덩이에서 나오자마자 약속을 깨버렸다. 3. 호랑이는 구덩이를 판 사람들을 원망했지만 나그네에게는 아무 잘못이 없다. 4. 마을 사람들이 구덩이를 판 것은 호랑이가 사람들을 잡아먹고 피해를 주기 때문이다.
반대	1. 나그네는 억울하겠지만 동물과 식물들을 이용하고 자연을 훼손하는 사람들에게도 잘못이 있다. 2. 호랑이가 다른 동물을 먹는 것은 자연의 법칙이다. 배고픈 호랑이는 나그네를 잡아먹을 수밖에 없다. 3. 나그네가 호랑이의 말을 믿고 구해준 것이 잘못이다. 나그네의 행동이 어리석다고 생각한다.

[판결문]

원 고 : 나그네
피 고 : 호랑이

[판결문] 참고 : 나그네 피고 : 호랑이	호랑이와 나그네 둘 다 잘못했다고 생각합니다. 왜냐하면 호랑이는 사람들이 판 구덩이에 빠져 굶었고 나그네는 자기가 구덩이를 판 게 아니고 다른 사람이 판 것입니다. 그리고 호랑이는 거짓말을 한 것을 잘못했지만 원래 호랑이는 사람을 잡아먹습니다. 그러므로 호랑이와 나그네가 화해했으면 좋겠습니다.
[판결문] 참고 : 나그네 피고 : 호랑이 호랑이는 나그네를 잡아먹지 않기로 했는데 나그네를 잡아먹으려고 호랑을 다시 구덩이에 들어가게 하겠습니다	호랑이는 나그네를 잡아먹지 않기로 했는데 나그네를 잡아먹으려고 했습니다. 호랑이를 다시 구덩이에 들어가게 하겠습니다.
[판결문] 참고 : 나그네 피고 : 호랑이 피고 호랑이는 은혜를 모르고 자기를 구해준 나그네를 잡아먹겠다고 했습니다. 피고 호랑이는 나그네와 한 약속을 지키지 않았기 때문에 나그네는 억울합니다. 그래서 호랑이는 구덩이 안에서 풀을 먹고 100일 동안 살면서 청소를 하는 벌을 받아야 합니다	피고 호랑이는 은혜를 모르고 자기를 구해준 나그네를 잡아먹겠다고 했습니다. 피고 호랑이는 나그네와 한 약속을 지키지 않았기 때문에 나그네는 억울합니다. 그래서 호랑이는 구덩이 안에서 풀을 먹고 100일 동안 살면서 청소를 하는 벌을 받아야 합니다.

함께 읽을 책

- 『토끼의 재판』김인자 글, 배철웅 그림, 하루놀, 2019
- 『토끼의 재판』홍성찬 글, 그림, 보림, 2012
- 『토끼의 재판』이은영 글, 이은천 그림, 웅진싱크하우스, 2007

9. 금구슬을 버린 형제

우애를 지키기 위해 금구슬을 버려야 할까요?

옛날 어느 마을에 우애 좋은 형과 아우가 살았습니다. 형제는 콩 한 쪽도 나누어 먹고 무슨 일이든 서로 도우며 함께 했습니다. 어느 날, 형과 아우는 강 건너 잔칫집에 갔습니다. 형제는 맛있는 음식을 실컷 먹고 집으로 향했습니다. 강을 건너려고 나루터로 가는 길에 갑자기 아우가 소리쳤습니다.

"형님, 저기 물속 좀 보세요! 물 속에서 뭔가 반짝반짝 빛나고 있습니다."

"아니, 저건 금구슬이구나! 그것도 두 개나 있구나!"

형과 아우는 기뻐하며 금구슬을 주웠습니다.

"아우야, 이 금구슬은 네가 발견했으니 네가 가져가거라."

"아니에요. 형님, 식구가 많은 형님이 가져가세요."

형제는 금구슬을 서로에게 양보했습니다. 형제는 금구슬을 하나씩 나누어 갖기로 했습니다. 배가 강 한가운데를 건너갈 때쯤 형과 아우는 생각에 잠겼습니다.

"아우가 금구슬을 준다고 할 때 다 가질걸."

"금구슬을 혼자 다 가질 수도 있었는데."

집으로 돌아온 형제는 하루종일 금구슬만 바라보며 농사일은 돌보지 않았습니다. 얼마 뒤 두 집안의 곳간은 텅텅 비었고, 쌀독에는 쌀도 떨어졌습니다. 형제는 자신들의 잘못을 깨달았습니다. 형은 금구슬을 들고 아우를 찾아갔습니다.

"아우야, 이 금구슬을 없애야겠다. 금구슬 때문에 너와 멀어지고, 농사일도 게을리 하는구나."

"형님! 저도 자꾸 욕심이 생겨서 이제 금구슬이라면 꼴도 보기 싫습니다!"

형과 아우는 금구슬을 들고 강 한가운데로 가서 금구슬을 힘껏 강물에 던졌습니다. 금구슬은 강 속으로 사라졌습니다. 형제는 서로 돕고 나누며 사이좋게 살았습니다.

1. 형제간 또는 친구 간의 정을 나타내는 말은 무엇인가요? 빈칸에 알맞은 단어를 넣어봅시다.

금구슬을 버린 형제는 ○○가 깊다.

2. 금구슬 때문에 서로를 미워하고 농사일에 게을러진 형제는 금구슬을 어떻게 했나요?

활동 1

<금구슬을 버린 형제>를 읽고, 이야기의 내용과 관련된 속담과 그 의미를 알아
봅시다.

속담	비 온 뒤에 땅이 굳어진다.
의미	어떤 어려움을 겪은 뒤에 더 강해진다.

활동 2

금구슬을 버린 형제에게 표창장을 주려고 합니다. <금구슬을 버린 형제>를 읽고,
표창장의 내용을 완성해 봅시다.

표 창 장

금구슬을 버린 형제

금구슬을 버린 형제는 _____

_____

표창장을 수여합니다.

년   월   일

1. 금구슬을 버린 형제는 욕심을 버리고 우애를 지켰기 때문에 표창창을 수여합니다.
2. 금구슬을 버린 형제는 금구슬보다 형제의 우애가 소중하다는 것을 깨달았기 때문에 표창창을 수여합니다.

활동 3

금구슬을 강에 버린 형제의 행동은 옳은가요? 형제의 행동에 대해 친구들과 토론해보고, 만약 내가 형과 아우였다면 금구슬을 어떻게 했을지 좋은 방법을 생각해봅시다.

금구슬을 버린 형제의 행동은 옳다.	☐
금구슬을 버린 형제의 행동은 옳지 않다.	☐

찬성	1. 금구슬이 없을 때 형제의 우애가 좋았는데 금구슬 때문에 형제 사이가 점점 멀어지게 되었다. 2. 금구슬에만 계속 신경을 쓰느라 형제는 농사일도 안 하고 게을러졌다. 3. 금구슬을 강에 버린 후 형제의 사이가 다시 좋아졌다. 4. 금구슬이 없어도 형제는 행복하게 살 수 있고 열심히 일해서 부자가 될 수도 있다.
반대	1. 금구슬을 버리지 않고 형제가 하나씩 사이좋게 나누어 가질 수 있다. 2. 금구슬이 있으면 형제는 부자가 되어 더 편하게 살 수 있고 가족들을 잘 돌볼 수 있다. 3. 금구슬을 버리지 않고 다른 이웃을 돕거나 꼭 필요한 곳에 잘 사용하는 것이 더 현명하다.

 학생들의 수행 결과

	금구슬을 버린 형제의 행동은 옳다. 욕심 때문에 형과 아우 사이가 나빠지기 때문이다. 금구슬 때문에 형제는 농사일도 안 하고 게을러졌다. 형제의 우애를 지키기 위해 금구슬을 버린 것은 현명한 행동이다. 금구슬이 없어도 열심히 일을 해서 부자가 될 수 있다.
	금구슬을 버린 형제의 행동은 옳지 않다. 금구슬을 기부하면 형제들도 행복해지고 돈도 많아진다. 그리고 그냥 버리는 것은 너무 아깝다. 그리고 형제들의 우애를 지키면 된다. 금구슬을 버린 형제의 행동은 어리석다.

활동 4

　만약 형제가 금구슬을 버리지 않았다면 어떤 일이 생겼을까요? 자유롭게 상상해보고, 뒷이야기를 바꾸어 써 봅시다.

형제는 금구슬을 하나씩 나누어 갖기로 했습니다.

_____

_____

✎ 학생들의 수행 결과

형제는 금구슬을 하나씩 나누어 갖기로 했습니다. 형제들은 금 구슬 팔아 많은 돈을 벌었습니다 그 돈들을 아프고 가난한 사람들에게 기부했습니다 그래서 힘든이들을 도와줘서 너무너무 행복했습니다.	형제들은 금구슬을 팔아 많은 돈을 벌었습니다. 그 돈들을 아프고 가난한 사람들에게 기부했습니다. 그래서 힘든 이들을 도와줘서 너무너무 행복했습니다.
형제는 금구슬을 하나씩 나누어 갖기로 했습니다. 형과 아우는 금구슬을 나누어 가졌지만 일을 하지 않아서 점점 게을러졌습니다. 돈이 다 없어졌고 가족들은 슬퍼했습니다. 형제는 욕심을 버리고 열심히 농사를 지어서 다시 돈을 벌고 가족들과 행복하게 살았습니다.	형과 아우는 금구슬을 나누어 가졌지만 일을 하지 않아서 점점 게을러졌습니다. 돈이 다 없어지고 가족들은 슬퍼했습니다. 형제들은 후회를 했습니다. 형제는 욕심을 버리고 열심히 농사를 지어서 다시 돈을 벌고 가족들과 행복하게 살았습니다.

함께 읽을 책

- 『금을 버린 형제』 우현옥 글, 이정형 그림, 봄볕, 2020
- 『의좋은 형제』 이현주 글, 김천정 그림, 국민서관, 2006
- 『의좋은 형제』 김용택 글, 염혜원 그림, 비룡소, 2011

10. 팥죽 할머니와 호랑이

협동의 힘은 무엇인가요?

아주 먼 옛날, 깊은 산골에 혼자 사는 할머니가 밭에 팥을 심고 있었습니다. 그런데 어느 날, 커다란 호랑이가 어슬렁거리며 나타나서 할머니를 잡아먹으려고 했습니다.

"호랑이야. 내가 이 팥농사 다 지어서 동짓날 팥죽 한 그릇 쑤어 먹을 때까지만 기다려 주렴."

할머니의 부탁에 망설이던 호랑이는 깊은 산 속으로 사라졌습니다.

여름, 가을이 지나고 동짓날이 되어 호랑이가 올 때가 가까워지자 할머니는 팥죽을 쑤면서 훌쩍훌쩍 울고 있었습니다.

"이 팥죽을 먹고 나면 호랑이가 날 잡아먹겠지?"

그 때 할머니 집에 있던 알밤, 송곳, 개똥, 돌절구, 자라, 멍석, 지게가 차례로 와서 할머니의 사정을 듣고는 팥죽을 달라고 했습니다.

"할멈, 할멈, 왜 울어?"

"이 팥죽 먹고 나면 호랑이가 꿀꺽 나를 잡아 먹는단다."

"팥죽 한 그릇 주면 못 잡아먹게 해 주지."

할머니에게 팥죽을 한 그릇씩 얻어먹은 친구들은 호랑이를 물리치도록 도와주겠다고 했습니다. 알밤은 아궁이에 쏙, 자라는 물 항아리에 풍덩,

개똥은 부엌 바닥에 넙죽, 송곳은 부엌 바닥에 콕, 돌절구가 문 위에 홀쩍, 멍석이 문 앞에 벌러덩, 지게는 마당 한 쪽에 우뚝! 자리를 잡고 기다렸습니다.

깜깜한 밤이 되자 호랑이가 산에서 내려와 할머니 집에 찾아왔습니다.

"어흥! 할멈 이제 잡아먹어야겠다!"

"호랑이야, 추우니까 아궁이 앞에서 몸부터 녹이렴."

부엌으로 들어간 호랑이는 아궁이 속 알밤에게 눈을 얻어맞고, 자라에게 발을 물렸습니다. 펄쩍펄쩍 뛰다가 개똥에 미끄러지고, 송곳에 찔렸습니다. 호랑이 머리 위로 돌절구가 쿵 떨어지더니 멍석이 둘둘 말았고, 지게가 멍석에 말린 호랑이를 싣고 가 깊은 강물에 던져 버렸습니다.

"에구, 고맙구나, 고마워!"

모두 힘을 합하여 호랑이를 물리치고 맛있게 팥죽을 나누어 먹었습니다. 그리고 할머니와 행복하게 오래오래 살았습니다.

1. 팥밭을 매고 있던 할머니를 잡아먹으려던 호랑이가 그냥 돌아간 이유는 무엇인가요?

_____

2. 〈팥죽 할머니와 호랑이〉에서 친구들이 호랑이를 혼내주는 장면을 순서대로 정리해 봅시다.

_____

㉠ 호랑이는 똥을 밟고 미끄러져서 벌러덩 넘어졌다.

㉡ 자라가 물동이에 얼굴을 처박은 호랑이 코를 깨물었다.

㉢ 아궁이 재 속에 있던 알밤이 껍질을 깨뜨리며 튀어올라 호랑이 눈에 박치기를 하였다.

㉣ 송곳이 발딱 일어나서 호랑이 엉덩이를 찔렀다.

㉤ 돌절구가 떨어져 호랑이 머리에 맞고 쓰러졌다.

㉥ 지게가 호랑이를 지고 껑충껑충 달려가서 강물에 던져버렸다.

㉦ 멍석이 호랑이를 둘둘 말아버렸다.

활동·1

<팥죽 할머니와 호랑이>를 읽고 이야기의 내용과 관련된 속담을 알아봅시다.

속담	열에 한 술 밥
의미	열 사람이 한 술씩 밥을 덜면 쉽게 밥 한 그릇을 만들 수 있는 것처럼 여럿이 힘을 모으면 큰 힘이 된다.

활동 2

친구들이 할머니를 도와 호랑이를 물리친 것처럼 여럿이 힘을 합해 일하는 것을 협동이라고 합니다. 우리가 협동해서 잘 할 수 있는 일에는 무엇이 있는지 생각해 봅시다.

1. 무거운 물건을 쉽게 옮길 수 있다.
2. 집 청소를 할 때 가족들이 서로 도와서 청소를 더 빨리할 수 있다.
3. 퍼즐 맞추기나 블록으로 만들기를 할 때 함께 하면 더 재미있고 빨리 할 수 있다.
4. 어려운 문제를 풀 때 쉬운 방법을 빨리 생각해 낼 수 있다.
5. 서로 다른 악기를 함께 연주해서 멋진 음악을 만들 수 있다.
6. 홍수 피해를 당한 사람들을 돕는 것처럼 어려운 일이 생겼을 때 함께 힘을 합해서 어려운 일을 극복할 수 있다.

활동 3

<팥죽 할머니와 호랑이>에서 할머니를 잡아먹으려고 한 호랑이의 행동에 대해 생각해보고, 호랑이에게 하고 싶은 말을 적어 봅시다.

할머니를 잡아먹으려고 한 호랑이의 행동은 정당하다.	☐
할머니를 잡아먹으려고 한 호랑이의 행동은 정당하지 않다.	☐

찬성	1. 할머니는 불쌍하지만 호랑이도 다른 동물을 잡아먹어야 살아갈 수 있다. 2. 할머니의 부탁으로 겨울까지 기다려 준 호랑이를 나쁘다고 할 수 없다. 3. 할머니는 호랑이와 한 약속을 지키지 않았고 호랑이는 심하게 다친 후 강 물에 빠지는 피해를 보았다. 4. 호랑이로서는 잘못도 없이 벌을 받아서 억울할 것이다. 5. 할머니가 호랑이에게 먼저 팥죽을 배부르게 먹게 해 주었다면 호랑이가 배 고프지 않아서 할머니를 잡아먹지 않을 것이다.
반대	1. 할머니는 혼자 농사를 지으며 살아가는데 잘못도 없이 호랑이에게 잡아먹 히면 너무 불쌍하고 억울하다. 2. 할머니가 일부러 호랑이를 강물에 빠뜨린 게 아니라 친구들에게 팥죽을 나누어주었기 때문에 모두 힘을 합쳐 할머니를 도와준 것이다. 3. 호랑이처럼 크고 무서운 동물이 힘이 약한 할머니를 잡아먹으려고 하는 행동은 옳지 않다. 4. 힘이 센 친구가 작고 약한 친구들에게 배려하고 도와주면 더 평화롭게 살 수 있다.

 학생들의 수행 결과

호랑이야, 힘이 없는 할머니를 잡아먹으면 할머니가 너무 불쌍하잖아. 힘이 세고 무섭다고 다른 사람들을 괴롭히면 안 되는 거야. 작고 약한 친구들도 힘을 모아서 크고 무서운 호랑이를 물리칠 수 있어. 그러니까 너도 앞으로는 힘이 세다고 잘난 척하지 말고 다른 친구들을 잘 도와주면 친구들과 사이좋게 지낼 수 있을 거야. 나도 친구들과 사이좋게 지내려고 노력할거야. 그럼 안녕~	호랑이야. 힘이 없는 할머니를 잡아먹으면 할머니가 너무 불쌍하잖아. 힘이 세고 무섭다고 다른 사람들을 괴롭히면 안 되는 거야. 작고 약한 친구들도 힘을 모아서 크고 무서운 호랑이도 물리칠 수 있어. 앞으로는 힘이 세다고 잘난 척하지 말고 다른 친구들을 도와주면 더 사이좋게 지낼 수 있을 거야. 나도 친구들과 사이좋게 지내려고 노력할 거야.

호랑이에게. 팥죽 할머니가 잡아먹히지 않아서 다행이지만 호랑이는 좀 억울할 것 같아요. 호랑이는 사람이나 다른 동물을 잡아먹어야 살 수 있으니까요. 호랑이가 할머니가 팥죽을 만들 때까지 기다려줬는데 호랑이를 너무 아프게 해서 호랑이가 너무 불쌍했어요. 호랑이에게도 친절하게 대해주고 팥죽을 먹게 해 주었다면 할머니를 잡아먹지 않았을 거예요.

활동 4

<팥죽 할머니와 호랑이>를 읽고 가장 기억에 남는 장면은 무엇인가요? 재미있는 표현을 사용하여 이야기의 내용을 동시로 표현해 봅시다.

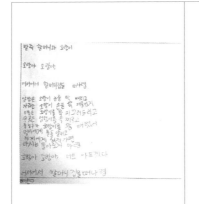

호랑아 호랑아,
어서어서 할머니집을 떠나렴
알밤은 호랑이 눈을 탁 때리고
자라는 호랑이 손을 꽉 깨물었지
소똥은 호랑이를 쭉 미끄러트리고
송곳은 엉덩이를 꾹 찌르고
돌절구가 호랑이를 꽝 때렸어.
멍석에게 돌돌 말리고
지게에게 실려가면
다시는 돌아오지 마렴.
호랑아 호랑아 너도 아프겠다.
어서어서 할머니집을 떠나렴.

함께 읽을 책

- 『팥죽 할멈과 호랑이』박운규 글, 백희나 그림, 시공주니어, 2006
- 『팥죽 할머니와 호랑이』조대인 글, 최숙희 그림, 보림, 1997
- 『팥죽 할멈과 호랑이』소중애 글, 김정한 그림, 비룡소, 2010
- 『개구리네 한솥밥』백석 지음, 유애로 그림, 보림, 2001
- 『아씨방 일곱 동무』이영경 글, 그림, 비룡소, 1998
- 『먹고 놀고 즐기는 열두 달 기념일』전미경 글, 이수영 그림, 길벗스 쿨, 2018
- 『할머니의 식탁』오게 모라 글/그림, 김영선 옮김, 위즈덤하우스, 2019

도서출판 이비컴의 실용서 브랜드 **이비락**(樂)은 더불어 사는 삶에 긍정의 변화를
줄 유익한 책을 만들기 위해 노력합니다.
원고 및 기획안 문의 : bookbee@naver.com